《尚书》二十讲

杨鹏 著

目录

前　　言 / 1

第 一 讲 《尧典》

百姓昭明　协和万邦 / 001

> 能成人之美，荣耀他人，与人合作，是个人也是国家发展的前提。

第 二 讲 《皋陶谟》

天命有德　慎乃宪 / 017

> 管理者的任务，是在正当的目标上，释放他人的力量。

第 三 讲 《汤誓》

予畏上帝　不敢不正 / 027

> 真敢自我牺牲的人，反而牺牲不了。

第 四 讲 《益稷》《甘誓》

烝民乃粒　万邦作乂 / 039

> 好的执政，是知道权力的边界，不任性扩大权力。

第 五 讲 《西伯戡黎》《微子》

不虞天性　天弃淫戏 / 051

一个人，唯有知道自己的不足，才能用好人才。

第 六 讲 《泰誓》

树德务滋　除恶务本 / 065

上天是正义的，是惩恶扬善的，所以人在世间，必须坚守正义。

第 七 讲 《牧誓》

暴虐百姓者　当恭行天罚 / 085

有了好德性，人生会顺利。有了好技能，人生就发展。

第 八 讲 《洪范》

天赐洪范　五福六凶 / 099

身体上的虚弱，灵魂上的懦弱，都是人生的灾难。

第 九 讲 《大诰》

天命不易　不敢僭上帝命 / 113

国家的权力，意味着沉重的责任，要全力承担起来。

第 十 讲 《康诰》

敬奉天德　明德慎罚 / 131

> 要严明法律,但谨慎惩罚。

第十一讲 《酒诰》

惟天降命　不敢自逸 / 149

> 以水为镜,是为了洗净自己的脸。以人为镜,是为了洗净自己的德性、灵魂。

第十二讲 《梓材》

厥乱为民　引养引恬 / 161

> 一个国家的真正力量,是以这个国家最弱者能得到的照顾来衡量的。

第十三讲 《召诰》

服务民众　事奉上天 / 169

> 宇宙秩序和历史演进,趋向德的秩序,走向善的方向。

第十四讲 《洛诰》

奉答天命　和恒四方 / 185

> 面对复杂的事,要找到一个具体的抓手。

第十五讲 《多士》

上帝引逸　将天明威 / 203

> 管理者应恩威并施，善于治理人心。

第十六讲 《无逸》

君子无逸　保惠于人 / 215

> 享受只能在辛苦之后。享受的必须是过去辛苦的成绩。

第十七讲 《立政》

敬事上帝　公正司法 / 227

> 任用官吏，必须选择守法之人。

第十八讲 《多方》

明德慎罚　享天之命 / 239

> 共享天命的前提，是承担起共同的责任。

第十九讲 《顾命》

敬忌天威　协和四方 / 251

> 目标远大，严守德法，克制自己，方有大成就。

第二十讲 《尚书》结课讲座 / 265

> 《尚书》描写的宇宙，是一个德性的宇宙，是一个有善恶是非指向的宇宙，是一个由善的原则支配的宇宙。

前言

本书是我的课程"《尚书》十九讲"的整理稿。

我在讲《尚书》课程之前,考虑到《尚书》内容宏大、词句艰深,决定先讲完《史记》《道德经》《论语》《中庸》《诗经》《大学》,这样我就有足够的时间来思考《尚书》,学友们也能有一个国学知识的准备。我讲完上述课程,用了三年多的时间。

《尚书》是中国最古老的历史文献,记载了虞、夏、商、周君臣的谈话、誓词、诰命等。内容主要是治国经验和教训,是中国最早的关于国家治理的政治神学或哲学的记录,谈话人有一种文明原创期特有的宏大深邃、质朴自然的精神特征。

《尚书》记载了虞、夏、商、周君臣的言论,但因为传统文献形成于西周和东周,所以其表达的是中国周代的思想。周代是中国思想史上的最高峰,研读《尚书》是攀登中国思想的珠峰,是俯视中国思想史的高点。

精神的种子埋入历史的土壤,逐渐生长出历史的事件。从《尚书》中我们能清晰地看到中华民族精神原生的形状,也能发现一些指向未来的重要信息。

一个民族最早的思想作品,就是这个民族精神的种子。在中国,就是最早的史书《尚书》和最早的诗集《诗经》等。很大程度上,历史的演变,是这些精神的种子在不同历史环境中的自我生长。

《尚书》所表达的周朝制度和文化传统,是君主—贵族共和的封建制传统。周代封建制度经过近八百年的演化,到公元前221年秦统一中国后才逐渐式微。秦国以君主中央集权的秦制终结了周朝的贵族封建制。秦制形成以后,也逐渐生成与秦制配套的文化。秦制文化与周制文化有断裂,也有继承。

学完《尚书》的全部课程,把《尚书》的思想放到世界上去比较,我们会发现周制文化传统远比秦制文化传统更具有人类的普遍性,更容易与世界文明产生正向共振,对中国来说也更具有未来秩序建设的意义。站在未来看中国的历史传统,周制传统比秦制传统有更高的精神价值。

《礼记·玉藻》中记载:"动则左史书之,言则右史书之。"君主有行动,左史书写下来。君主有言论,右史书写下来。《尚书》以言论记载为主,因此属于右史的范围。

秦朝君主中央集权制度建立之前,朝廷史官往往出自世袭史官家族。史官家族形成了史官的职业道德传统,他们追求历史记载的公正性,在记载君主重臣言行时有相当大的独立性。《汉书》中记载:"古之王者,世有史官，君举必书，所以慎言行，昭法式也。"古代君王，世代有史官。君主所为，必被记载，所以君主言行谨慎，昭明法则规范。以历史记录呈给历史审判，这是中国先秦政治特有的一种权力约束方式。

中国国学经典不少，最令我内心震动的，是《尚书》。《尚书》格局之宏大、思虑之深远、德性之刚毅、行为之务实，有一种宏大的神圣的力量运行其中。

《尚书》与后代史书

《尚书》与后代史书的精神气质不同。人们习惯上把司马迁的《史记》当成中国史书的典范。《史记》当然是伟大的史书，人物性格描写堪称经典，诚如鲁迅评价的"史家之绝唱，无韵之离骚"。我在讲解"《史记》人物评点"五十讲的时候，与学友们一起体会了《史记》的魅力。但在研究《尚书》时，我体会到《史记》内含的精神力量远不如《尚书》那么宏大深远，那么震动心灵。

《尚书》和《史记》记载的历史人物，在精神特征上有差异，似乎不是一种人格类型。

《尚书》中的人物是双层人格：他们是世俗的，也是宗教的；他们是功利的，也是怀有信仰的；他们是现实的，也是神圣的，他们将现实和神圣两个世界的力量统一于一身。

《史记》记载的历史人物已基本丧失了人性中宗教的、信仰的、神圣的一面，似乎更多的是单一的、世俗的、功利的智能力量在身上，体现出一种单层人格。

《尚书》是神圣性与功利性的统一,能让人明智,也能让人感动;《史记》似乎能让人明智,但并不感动人。

《史记》的精神是世俗功利的。在《史记·伯夷列传》中,司马迁质疑天道是否能惩恶扬善:"余甚惑焉,倘所谓天道,是邪非邪?"司马迁受宫刑,可能是他怀疑世界秩序公正性的原因。这与《尚书》信仰天命、相信历史向善的精神全然不同。

《尚书》与诸子百家

《尚书》是史书,不是理论著作,但其所记言论的核心内容是讨论治国之道,与后来诸子百家关注的是同一内容。诸子常常引用《尚书》来加强自己的观点,例如《尚书·康诰》在先秦诸子文献中被引用过三十一次。

《尚书》与先秦诸子的关系,有这样一个比喻:《尚书》像思想的树干,而诸子百家更像是向某一个方向延伸的枝叶。比较起来,真正超出《尚书》话题和思考之外的似乎只有庄子那种追求个体生命自由自在的部分思想,老子、孔子、墨子、孟子、商鞅、韩非等人的思想枝叶都长在《尚书》的树干上。

《尚书》与诸子百家还有一个重要差别,诸子百家大多不是核心主政者,而是关心治国之道的士子,他们的行文有"说王之术"的风格,而《尚书》中的主要人物是核心主政者,君主或首辅重臣,他们是思想者,是立法者,也是组织行动者。例如《尚书》中涉及周公相关言论的篇章多达11篇,《尚书》的核心思想也出自周公。周公是西周开国元勋，是周武王的重要辅佐，周武王去世后辅佐周成王，担任摄政王七年之久。周公平定"三监之乱"，营建洛邑东都，兴礼制乐，是西周思想和制度的重要缔造者。《尚书》人物的政治地位与诸子百家的政治地位不同，他们的问题意识和行为特征也有所不同。

《庄子·天下》中记载："后世之学者，不幸不见天地之纯，古人之大体，道术将为天下裂。"后代学者，不幸的是看不到天地之纯粹，看不到古人之大领悟大格局，道术将在天下分裂开来。春秋战国诸子百家思想更像是从《尚书》思想中分裂出来的。

《尚书》的版本

关于《尚书》版本的历史流变问题，陈梦家先生的《尚书通论》、刘起釪先生的《尚书学史》中都有完整的研究。

在西汉以前，《尚书》并不叫《尚书》，多称《书》。《尚书》的称呼，是西汉以后的事，意思是"上古之书"。

《史记·孔子世家》中记载："孔子以诗书礼乐教。"孔子教学的内容是诗书礼乐，其中"书"即指《尚书》。孔子教《书》，手中一定有《书》，但孔子所用的《书》是哪一种版本呢？因为缺少史料，现在仍不得而知。

《史记·孔子世家》还记载了孔子"序书传"，就是对《书》进行了重新编辑。此外，还有一个孔子

"删《书》说"。据西汉后期纬书的《尚书纬璇玑钤》中记载，孔子求《书》，得到一本有三千二百四十篇的《书》，孔子从中选出一百二十篇，去掉三千一百二十篇。

孔子讲《书》，如果史料繁多，他可能编一个自己用的简选本。夏商周史官记载的史书，到孔子的时候有近二千年的历史，有几千篇的积累很正常。司马迁的《史记》中，引用《书》的篇目尚有六十八篇，今天我们课程使用的《尚书校释译论》是二十八篇。

中国历史文献丧失的情况非常严重。一是因为中国古史主要写在竹简上，很难保存，上百年下来就毁坏了。二是因为一些君主只考虑自己的小权力，没有历史文化传承的责任感，他们会毁灭自己不认可的典籍。《孟子》中讲到毁书："诸侯恶其害己也，而皆去其籍。"诸侯们厌恶这些对自己有害的书籍，就清除了。

历史上有名的毁书行为，有秦朝秦始皇的焚书和清朝乾隆编《四库全书》时的毁书。在历史的文化长河中，短暂的君主权力会被时间的流水冲走，文化思想传统则会超越时间，成为人们的深沉记忆得以延续。

据《史记·儒林列传》记载，汉文帝刘恒（公元前203年—公元前157年）在位时期，一直在寻求能够研究和教授《尚书》的人。那时，研究《尚书》几乎是"天下无有"，独有一位济南90余岁的原秦朝博士伏生藏有《尚书》残篇二十九篇（其实是二十八篇）。汉文帝派大臣晁错去学习，晁错用汉初流行的隶书抄下伏生《尚书》二十八篇。汉武帝时又有人献出一篇，合并进伏生《尚书》成为二十九篇,这就是《今文尚书》的来源。

据东汉王充的《论衡》(约公元88年完成汇编)记载,汉景帝(公元前188年—公元前141年)时期,鲁恭王(?—公元前128年)为扩建房子拆毁孔子旧房,在墙壁中发现百篇《尚书》。但《汉书·艺文志》记载说,鲁恭王拆孔子旧房发现的《尚书》版本比伏生《尚书》二十九篇多出十六篇,是用西汉以前的文字写成,故称《古文尚书》。鲁恭王把《尚书》交给孔子后代孔安国,孔安国又进献给了朝廷。但当时研究伏生《尚书》的学者不接受,双方就真伪进行辩论,这就形成了《尚书》学史上关于《尚书》真伪的持续辩论。但此后,无论是伏生《今文尚书》还是孔安国《古文尚书》都遗失了。

《尚书》这部重要史书,可谓命运多舛。

直到东晋时期,大约在公元317年—318年间,一位叫梅赜的太守献出《古文尚书》共五十八篇,比伏生的二十八篇多出三十篇,被立为官方正本。唐朝唐太宗(公元626年—公元649年在位)安排编辑的官方《五经正义》中的《尚书》,以梅赜献本为基础。

到了宋朝,又有学者质疑梅赜的《古文尚书》多出篇目的真实性。笔墨官司打了上千年,直到现在还没结束。

唐初唐太宗安排孔颖达等人重新编辑《五经正义》(五经指《诗》《书》《礼》《易》《春秋》),其中《尚书正义》以东晋梅赜献书为本,共五十八篇。清朝编辑

《十三经注疏》，仍以唐《尚书正义》为本。

20世纪"五四"反传统运动中，出现了以史学家顾颉刚先生为代表的疑古学派，他们认为不能盲从古代经典，对古代经典要以科学的态度去分析。顾颉刚先生把世传伏生二十八篇《今文尚书》分为三组，认为第一组十三篇是可信以为真的，因其完成在西周时期；第二组十二篇不确定，可能是对商朝和西周史料重新进行了翻译，也可能是后人利用古代史料编辑而成，时间可能完成于东周时期；第三组有三篇，应是秦汉之人根据商代传下来的史料编写的。顾颉刚先生认为："古史是层累地造成的。"顾颉刚先生的观点具有代表性，但学术界并非人人同意。

本书所用《尚书》版本及注释，参考了四部作品。第一部是顾颉刚、刘起釪著的《尚书校释译论》（中华书局），这是本书主要参考的作品。顾颉刚先生是近现代史学界疑古学派的代表人物，在许多方面质疑中国古代文献的真实性。我对他的许多观点不认同，认为他是在"五四"反传统的思想背景中开始学术疑古的，过强的反传统动机会引偏他们的观点。我更赞同李学勤先生"走出疑古时代"的提法。但是，我们采用疑古学派人物筛选把关出来的《尚书》版本，可能会少一些资料失误的问题。第二部、第三部分别是李民、王健著的《十三经译注·尚书译注》（上海古籍出版社）和李学勤主编，廖名春、陈明整理的《十三经注疏·尚书正义》（北京大学出版社）。第四部比较简洁，是顾迁译注的《尚书》（中州古籍出版社）。他们的译注在许多方面不同，我在参考它们的基础上，对本书所用选文进行了自己的注释和翻译。

此外，想更多了解《尚书》版本复杂演化史的朋友，可以读刘起釪先生的《尚书学史》（中华书局）。

《尚书》的思想

《尚书》的精神结构有以下特征：信仰上天，敬畏天命。上天通过天命，决定国运及个人命运。天命不是抽象的，其通过民心来表现。天民统一，天命—民心统一，敬天者必须善待民。明白上天对朝廷行为的要求，自觉约束自己符合上天的准则，天命就与当政者同在，护佑国家繁荣稳定，个人身心健康。正如《尚书·皋陶谟》记载皋陶之言："天聪明，自我民聪明。天明畏，自我民明威。达于上下，敬哉有土。"上天之聪明，通过我民众的聪明展现。上天光明之威，通过我民众的光明之威展现。理解上面的天命和下面的民心，四方的诸侯们要敬畏啊！

要将自己放在天命—民心的统一点上考虑问题。要想成功，必须上应天命，下顺民心。什么是上应天命、下顺民心？《周书·蔡仲之命》中记载周公之言："皇天无亲，惟德是辅。民心无常，惟惠之怀。"

伟大的上天，不因血亲关系而保佑谁，只辅助有德性之人。民心并不永远忠于谁，所怀念的只是实惠利益。

上天恩惠民众，当政者必须保障民众的实惠利益。对上天有宗教信仰，对民众有实惠保障，信仰与实利紧密统一在一起。要求在天人之间的格局下安排事业和人生，这是《尚书》的根本思想。

天命论覆盖《尚书》，但并不是被动的、消极的、宿命论式的天命论，而是一种要求人积极努力去争取天命与自己同在的主观意志的天命论。"皇天无亲，惟德是辅"，所以重在自强不息，明德行德，明善行善，成为服务民众的有德性的领袖。这种观点认为，天命是可以用有德性的行动去争取的。《尚书·吕刑》强调："惟克天德，自作元命。"实现上天之德，自我做成天命。

明白了上天的要求，结果就看人的努力了。在这个意义上，在相信天命覆盖的前提下，人的命运由自我决定。《尚书》不是消极的天命论，而是积极的天命论，是"自作元命"的天命论，是以德配天的天命论，是积极有为以待上天选择的天命论。

《尚书》形成于周王朝时期。周王朝前后延续时间近八百年，创造了辉煌的文化。我们今天熟悉的老子、孔子、墨子、孟子、庄子、商鞅、荀子、韩非等诸子百家，都属于周朝的思想家。在大家的印象中，秦王朝很强大，但其实秦王朝是个仅有十五年寿命的短命王朝，且在文化上破坏多于建设。秦王朝有致命的精神缺陷，远不能与周王朝相比。

《尚书》是夏商周思想的结晶，记载了中国历史上最伟大的思想传统，对我们个人掌握历史、顺应自己的天命，对中国社会未来的价值和制度建设，都具有重大意义。

第一讲《尧典》

百姓昭明
协和万邦

能成人之美,荣耀他人,与人合作,是个人也是国家发展的前提。

【背景】

第一讲,讲《尧典》。本书着眼于思想分析,我不会每篇从头到尾逐字逐句讲解每个字,而会跟着核心思想走,用一些选文片段来理清思想线索。你可以把它当成《尚书》的思想钥匙课,我们用几把钥匙,打开《尚书》的思想之门。

《尧典》在先秦文献中被引用过十四次,《逸周书》《左传》《孟子》《荀子》中都有引用。《论语》中的"尧曰"篇,内容部分与《尧典》相同。《尧典》的史料内容来源久远,但传世文本大体形成于春秋时期。

尧是《尚书》记载的中国最早的君主,时间在公元前2100年左右。《论语》中五次提到尧,给尧以最高的赞美。《论语·泰伯篇》中记载孔子之言:

> 子曰:"大哉尧之为君也!巍巍乎,唯天为大,唯尧则之。荡荡乎,民无能名焉。巍巍乎其有成功也,焕乎其有文章!"

尧作为君主,真高大!唯有上天伟大,尧以上天为准则。宽容博大啊,人们难以形容!巍巍高大啊,他成就的功业!灿烂辉煌啊,他的礼制典章!

第一次读《论语·尧典》,见孔子如此盛赞尧,很好奇,就想去了解更多尧的事迹,却发现先秦史籍中记载甚少,大多在《尚书·尧典》之中。仅从今天《尚书·尧典》中关于尧的简单记载,我们看不出尧有些什么样的巍巍功业与灿烂的礼制典章。先秦典籍中,《尚书·尧典》之外,还没有发现与尧有关的更详细的记载。孔子对与尧有关情况的了解比我们更丰富,他的评价基于更多的史料和传统。由于中国先秦文献的大量消失,我们对尧的历史已没有多少了解。接下来,我们分析《尧典》的选段,《尧典》的全文及我的译文,大家可以参考。

【经文一】

克明俊德,以亲九族。九族既睦,平章百姓。百姓昭明,协和万邦。

译文

尧能彰明美德,使亲属九族相亲。亲属九族得以和睦,公平彰明百姓众族首领。百姓众族首领荣耀昭明,万邦得以和谐安定。

导读

这是赞美尧能团结本族和盟族成员,使万邦和谐,民众和平。日本昭和的年号,估计就是从"百姓昭明,协和万邦"这句中来的。

"克明俊德,以亲九族",指尧能彰明美德,团结好自己的血亲宗族。"九族"的概念在不同历史阶段的解释不同,但都指有亲属关系的各个宗族。东汉《白虎通德论》将其定义为:"父族四,母族三,妻族二。"

《诗经·小雅·棠棣》有诗："兄弟阋于墙，外御其侮。"兄弟们虽然会在墙内家里争吵，但会共同抵御外人欺侮。尧时代，君主的力量以自己血亲宗族的组织力量为基础。尧能凝聚血亲九族成员，这是君权得以维系的条件。古代中国以血亲宗族为组织基础，世界其他民族也如此。《圣经》记载，比尧晚约三百年，以色列第三代始祖雅各（大约在公元前1800年前后）生了十二个儿子，发展出以色列十二支派。

"九族既睦，平章百姓"，指有了宗族内部凝聚和睦的条件，还要公平彰显其他百姓部族首领，在部族联盟体中公平地给他们安排显要的职位，使他们有地位、有荣耀。

通常的《尚书》译注把"百姓"解释为"百官"，这种注释不够妥当。

"姓"字的象形，指女性所生。同姓，本义指有共同母系祖先的部族。百姓，相当于一百个部族，形容众多部族。例如，周人以姜嫄为本族母系始祖。周人大部族中有姬姓王族。周伐商的军事统帅姜子牙，是姜姓而非姬姓，属于与周人联盟的姜姓部族。西周建立以后，姜子牙因为军功被封为太公，成为齐国的开国国君，这就属于被公平地彰显荣耀，属于"平章百姓"的内容。尧时代属于酋邦时代，是以一些大部族为中心的多部族联盟体。尧在团结自己亲族的前提下，能公平地对待各联盟部族的首领，给他们以荣耀的位置。部族联盟的大君主对各部族首领们讲话，就用"你们百姓"，相当于

"你们众部族",故不能把各部族的首领翻译为"百官"。"官"是官僚制度,尧时期的君主与各部族首领,大家都是贵族,各自代表独立的部族,君主与百姓首领不是官僚制下的上下级关系。《尚书》中提到十七次"百姓",均指众部族或部族首领们。

"协和万邦","协"就是和谐,"和"就是友好。"百姓昭明","昭"就是昭示,"明"就是光明、荣耀的意思。"百姓昭明",意思是众盟族首领的地位和荣耀得以昭示。部族联盟时代,君主最难的任务就是公平分配好不同部族的领地,使各部族首领得享荣耀。

"百姓昭明,协和万邦",这句话看起来朴实无华,但非常有深意。治理众部族,要让众部族感到有地位、有尊严、有荣耀,这样才能与万国和谐相处,友好合作。待人处事,让人感到有尊严、有地位才能长久合作。做人治国,同一原则,就是使人昭明,与人协和。相反,使人无尊严无荣耀,与人不能和谐相处、友好合作,就断了自己的发展之路。使人光明,则自己光明;给人荣耀,则自己荣耀;与人合作,自己才能发展。尧的政治取向,与后来秦始皇争霸天下的取向不同,意在通过尊重荣耀他人,与百姓众族团结共生,与天下万邦和谐共存。

尧依靠自己的修德明德,能由内向外,不断扩大信任和团结的半径,从"九族",到"百姓",再到"万邦"。这种"以德治家、治国、治天下"的政治思想,被后来的道家、儒家所继承。

《道德经》五十四章记载：

"修之于身，其德乃真；修之于家，其德乃余；修之于乡，其德乃长；修之于国，其德乃丰；修之于天下，其德乃普。"

从自身修德，德乃真德；从自家修德，德即有余；从一乡修德，德即生长；从一国修德，德即丰盛；从天下修德，德即普遍。这段话讲的也是以德治国，由己及人，由己及国的道理。

《大学》中说：

"古之欲明明德于天下者，先治其国；欲治其国者，先齐其家；欲齐其家者，先修其身；欲修其身者，先正其心。"

《大学》这种"正心—修身—齐家—治国—明明德于天下"的思想，是对《尧典》这句"克明俊德，以亲九族。九族既睦，平章百姓。百姓昭明，协和万邦"的继承。

【经文二】

乃命羲、和，钦若昊天，历象日月星辰，敬授民时。

译文

乃命令羲氏、和氏，敬奉上天，按日月星辰运行轨迹制订历法，虔敬地授予人民节令时辰。

导读

《尧典》记载尧的第一个重要行动，就是安排羲氏与和氏这两个天文星象专业家族的人进行星象观察和制订历法。上古时期，制订历法是性命攸关的大事。无论是从事狩猎、放牧还是农业，把握气候节令都非常重要。那时的生产率低、经济剩余少，节令把握不对，收成不好，全族会面临生存危险。

人们通常有一个印象，君主权力的来源就是战争暴力，暴力最强者为君主。《尧典》开篇描述尧的作用，并非组织战争，而是组织知识探索，再以知识来指导民众的生产和生活。尧首要的权力基础是知识优势而非暴力优势，属于"知识君主"而非"军事君主"，有点类似柏拉图《理想国》中渴望的哲学王的地位。权力从知识优势而来，人类是否有过这样的历史？

《周易·系辞》中说：

"古者包牺氏之王天下也，仰则观象于天，俯则观法于地。"

包牺氏指伏羲。古代伏羲在天下为王，是因为他抬头观察天象规律，低头观察地上法则，指他熟知天文地理。说明伏羲为王，不是依靠暴力优势，而是依靠知识优势。

1890年，英国人类学家詹姆斯·乔治·弗雷泽（James George Frazer）发表了人类学名著《金枝》（*The*

Golden Bough），认为在世袭君主制国家形成之前，曾有一个巫师王的时期。在部族中为王，主要依靠的不是暴力优势，而是巫术知识优势。弗雷泽认为，巫术与后来的科学在思维特征上有共性，都相信有支配世界的恒定的自然法则，人类的生存要依靠理解、运用和支配这些自然法则。在这些知识中，判定气候节令的知识非常重要。

《尧典》开篇，不讲尧的战争能力，而讲他德性的光明以及他对历法的贡献，将尧的权力基础确立在德性与知识上，这符合弗雷泽在《金枝》中对巫师王特征的描写。

不要以为这种依靠知识称王的巫师王的时代离我们今天很遥远。

中国人对领袖的渴求，不论是部落领袖还是君王，某种程度上仍然具有渴求巫师王的特点，除了渴望领袖是优秀的政治、军事领袖外，还希望他们是道德领袖和知识领袖。领袖们也喜欢表现自己在德性、知识、政治、军事全方位的能力。周代兴起的"天子"概念、春秋战国发展起来的"圣王"概念，就是巫师王的精神模因。近代以来，每代政治家似乎都会总结出自己的一套理论，这是巫师王知识优势的传统模因使然。中国优秀的企业家，也喜欢搞企业文化，把自己发展成企业员工的精神领袖，这也是巫师王模因在起作用。老板有对巫师王的追求，员工也有对巫师王的渴望。

【经文三】

帝曰："咨！四岳，汤汤洪水方割，荡荡怀山襄陵，浩浩滔天。下民其咨，有能俾乂？"

译文

帝尧说："唉！四方众首领啊，汹涌洪水造成灾害，荡荡洪水环绕高山淹没丘陵，浩浩波浪要漫到天上。下面民众忧苦，有谁能负责治好洪水？"

"俾"[bǐ]，指职守、职务、职责；"乂"[yì]，指治理。"俾乂"，即负责治理。

导读

尧舜禹的时代，发生大水灾，尧要大家推选能率领治水的人。"汤汤洪水方割，荡荡怀山襄陵，浩浩滔天"，这是中国最早的描写大水灾的文字。

我专门把这段文字挑出来分析，是因为大水灾是中国最早的国家形成的环境背景。因为有大水灾，所以要大联合；要大联合，就需要统一指挥；统一指挥，就形成了国家强权。尧最初选大禹的父亲鲧作为治水负责人，但鲧治水九年不成。不成的原因主要有三个：一是鲧不是向上帝祈求，而是偷上帝的息壤治水，结果被上帝处死；二是鲧封堵水而不是疏通水。水是上帝发出的，鲧堵水而不顺水，这在宗教上是不敬；三是大家可能不太了解的，鲧利用公共权力修建堤坝和城墙保护自己的部族，牺牲了其他部族的利益。当时的大祭司祝融出手杀了鲧。祝融是后来汉水、长江、淮河流域的楚人的祖先，也是苗族古歌中唱诵的祖先。尧、鲧、舜、禹、祝融这些人物，属于传说时代，有不少神话色彩。

后来，舜接替尧成为君主。舜在位时期，禹治水有成，舜的君位传给了大禹，大禹的君位最后传给了儿子启，从此开始了中国的君主世袭制度。从中国的文献和传说来看，中国的国家形成起于水灾治水，又被后来的部族战争所巩固。国家兴起和延续的原因，正是应对自然灾害和国家战争。

【经文四】

帝曰："咨！四岳。朕在位七十载，汝能庸命巽朕位？"岳曰："否德忝帝位。"曰："明明扬侧陋。"师锡帝曰："有鳏在下，曰虞舜。"帝曰："俞！予闻，如何？"岳曰："瞽子，父顽，母嚚，象傲；克谐以孝，烝烝乂，不格奸。"帝曰："我其试哉！"

译文

帝尧说："啊！四方众首领！我在位七十年，你们谁能受命接替我的君位？"四方众首领说："我们德性不够，会辱没君位。"帝尧说："你们可以举荐有明德之人，即使他身份卑下。"众人提议："下面有一鳏夫，名为虞舜。"帝尧说："哦，我有所耳闻。此人如何？"四方首领回答说："他是盲人之子。父亲顽固，母亲凶暴，弟弟象傲慢；弟弟象傲慢不友好，而舜能秉持孝道，与他们和谐相处，家庭整治有序，无奸邪事。"帝尧说："我试试他吧！"

"巽"，读 xùn，指继承。"忝"，读 tiǎn，指辱没，有愧于。

导读

这段文字是对禅让制的记载。帝尧执政七十年，年老了，没有把君位传给儿子，而是与大家商量，要找异姓接班人。尧的时期，不是世袭制而是禅让制。

王位更替，采取的是贵族系统内和平的选贤举能，而不是世袭传给儿子，这种禅让制在历史上存在过吗？战国时期，《荀子》《韩非子》否定存在过禅让制，史书《竹书纪年》也否认禅让制。但同时，有更多的文献，如《尚书》《左传》《论语》《墨子》《孟子》等承认并赞美禅让制。

《礼记》记载了孔子关于大同世界的梦想：

"大道之行也，天下为公。选贤与能，讲信修睦，故人不独亲其亲，不独子其子，使老有所终，壮有所用，幼有所长，矜寡孤独废疾者，皆有所养……是谓大同。"

所谓大同世界，就是天下为公，选贤与能。大同世界讲的不是未来梦想，而是对历史上禅让制的追念。"天下为公"，指君主禅让制。"天下为私"，指君主世袭制。如果不搞君主世袭制，就要有一个选拔新君主的机制，这就是选贤与能。这段话是对中国历史上原始民主制度的回忆，是对大同世界的梦想。

关于禅让制有两种解释：一种观点认为，确实有这么一个部族联盟举荐君主的时期，实行原始民主制。另一种观点认为，禅让制是后人瞎编的。《三国演义》中说，公元220年，曹丕逼汉献帝刘协把王位禅让给自己后，说了一句话："舜、禹之事，朕知之矣！"舜禅让君位给禹，我知道是怎么回事了。曹丕否定了禅让制的真实性，认为那就是阴谋论，舜禹禅让的本质就是禹凭实力逼宫。

其实，不同制度下，权力观不同，权位转移的方式也不同。认为君权争夺你死我活，这是君主集权制下的权力观。这种权力替换只出于暴力的观点，不仅无法理解中国历史上可能存在过的禅让制，也无法理解现代选举政治下权力替换的方式。人类学研究发现，君主世袭制之前，有过原始民主推举制。在中国思想史上，这段模糊的历史记忆，成了以儒家、墨家为代表的思想流派的梦想，世界大同的梦想。

【经文五】

观厥刑于二女。厘降二女于妫汭，嫔于虞。帝曰："钦哉！"

慎徽五典，五典克从。纳于百揆，百揆时叙。宾于四门，四门穆穆。纳于大麓，烈风雷雨弗迷。帝曰："格！汝舜。询事考言，乃言厎可绩，三载。汝陟帝位。"

译文

帝尧把女儿嫁给舜，从两个女儿那里观察舜的行为规范。命令两个女儿下嫁到妫水湾，嫁给虞舜。帝尧说："严肃谨慎地处理政务吧！"

舜对五典（父义、母慈、兄友、弟敬、子孝）小心慎重，治理顺畅，五典能被遵守。又让舜管理百官，百官事务井然有序。让舜管理四方外交，在四方之门接待外宾，外宾肃然有敬。又让舜入山林祭祀，烈风雷雨不迷乱。帝尧说："你这个舜哪。三年来，按你做的事去考核你说的话，你说的话有实绩支持，你登君位吧！"

导读

这段文字，记载了尧对舜的考验方式。首先，是把两个女儿嫁给他，看他治家的方式，看他能否做到五典，即父义、母慈、兄友、弟敬、子孝。其背后的思想，是认为朝廷治理建立在家族治理的基础上。这是先秦中国社会的特征——宗族社会。其次，看他治理百官，能否处理好朝廷事务。再次，看他治理外交，外宾是否都很敬重朝廷。最后，是让他负责祭祀，看神明喜不喜欢，这是最关键的考验。结果是神明喜欢，"纳于大麓，烈风雷雨弗迷"。"麓"，指山脚下；"烈风雷雨弗迷"，指狂风雷雨不再迷乱。舜受神明认可，所以风调雨顺。

《尚书》认为，最终的选择权，不在尧手中，而在神手中。"纳于大麓，烈风雷雨弗迷"，说明上天护佑，天命降临。舜历经治家、治官、治外交和神的考验，被选为君主，接替尧成为王。一个平民子弟，因为有德有才，上天喜欢，被选为君主。这就是中国早期的禅让推举制思想。

《论语·尧曰》中有尧禅让君位给舜的记载，但是在现在的《尚书》中看不到《论语·尧曰》的表述形式。孔子用的《书》，与今天我们用的《尚书》，可能有版本上的差异。

以下是《论语·尧曰》中的表述：

尧曰："咨！尔舜！天之历数在尔躬，允执其中。四海困穷，天禄永终。"

这段话的意思是：啊！你这个舜。天命之历数在你身上，坚守住中的准则。如果弄得四海人民困穷，上天赐予你的君位之禄就会永远终结。

从《论语·尧曰》看，尧的核心思想，最后就落实在一句话："四海困穷，天禄永终。"四海百姓如果穷困，上天赐给君主的"工资福利"就永远终结了。君主，不过是上天的打工仔；君位，只是工作职位。君主相当于上天这个宇宙董事长的中国总经理。君主朝廷好好服务，四海百姓富裕自在，就可以维持政权；如果经济衰败，民众穷困，政权就要被终结。看来尧早就明白，衡量一届执政的好坏，核心是看经济是否繁荣，看民众是否穷困。

【小结】

经文一，是对尧的综合评价，其中建议大家记住的原文是:"百姓昭明,协和万邦。"能成人之美,荣耀他人,与人合作,是个人也是国家发展的前提。

经文二,讲尧对历法制订的贡献,为君之道是知识之道。大家可记住"历象日月星辰,敬授民时"的表达方式。

经文三,讲禅让制。尧把君位禅让给舜。中国历史上,在最高权力的更替上,创造了两个制度:一是传说中的禅让制,天下为公,选贤举能,人不独亲其亲,不独子其子,这是中国曾有过的大同世界梦想;二是长达三千多年的君主世袭制。古希腊曾有过民主制,古罗马有过共和制。人类近现代政治转型,是从君主制转向民主制。禅让制与民主制,有些元素相同,例如选举和非世袭。

经文四,讲尧对舜的考核。治家的考核,治官的考核,治外交的考核,还有是看神明的态度:"纳于大麓,烈风雷雨弗迷。"最大的考验,是上天的考验。天对新君主的考验以风调雨顺来表现。如果不是风调雨顺,说明上天不认可。

第二讲《皋陶谟》

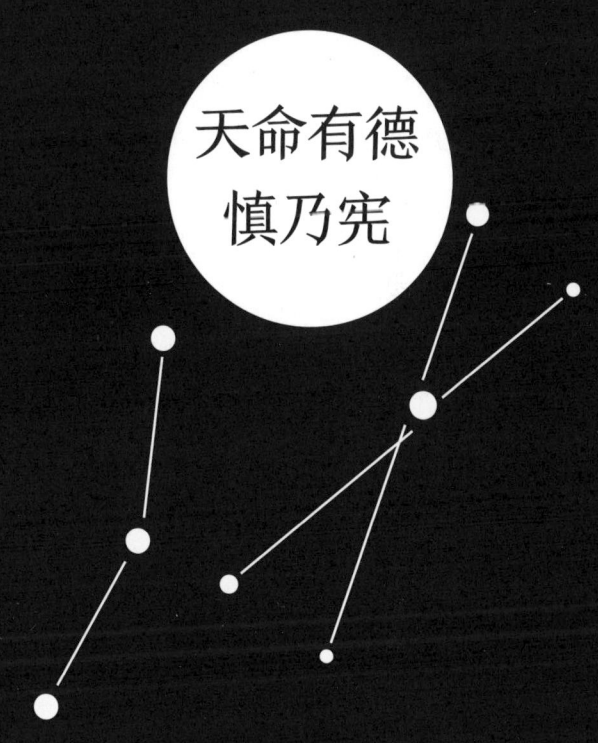

> 管理者的任务,是在正当的目标上,释放他人的力量。

【背景】

《皋陶谟》中"皋陶"两个字的发音是［gāo］［yáo］。"谟"字，指谋略思想。

《左传》中已引用过《皋陶谟》的句子，说明《皋陶谟》在春秋时已有文本。

《论语·颜渊》记载："舜有天下，选于众，举皋陶，不仁者远矣。"舜治理天下，从众人中选人，举用皋陶，不仁者从此远离。

皋陶深明刑法，公正无私，不仁者畏惧逃离。

《皋陶谟》记载舜当政时期，舜、禹与皋陶的对话。皋陶在舜当政时期负责司法，他认为法源于天，执法者必须以公正之心执法，德治和法治兼备。

我从《皋陶谟》中选取了部分内容，与大家一起研读分析。

【经文一】

无教逸欲有邦。兢兢业业，一日二日万几。无旷庶官，天工人其代之。天叙有典，勑我五典五惇哉！天秩有礼，自我五礼有庸哉！同寅协恭和衷哉！天命有德，五服五章哉！天讨有罪，五刑五用哉！政事懋哉懋哉！天聪明，自我民聪明。天明畏，自我民明威。达于上下，敬哉有土。

译文

不可使私欲淫逸之人拥有邦国。有国者务必兢兢业业。一两天中，都可能有万件危险事情发生。不可让百官旷废工职，这本是上天工职，人只是代理。上天叙述五种圣典，告诫我们要惇心敬奉五典。上天建立礼制，赐予我们雍融五礼，使我们能同心、敬畏、协和、恭敬、忠诚。天命降临有德之人，规定五种礼服规定。上天讨伐有罪之人，运用五种刑罚。政事当勤勉！当勤勉！上天所闻所见，通过我民众之闻我民众之见。上天可畏之明罚，通过我民众实现光明威罚。要通达上面的天意和下面的民心，四方的诸侯们当有敬畏之心啊！

导读

第一句："无教逸欲有邦。""逸"，指"放逸"，放纵自己，任性胡来。"欲"，指私欲过重，贪欲过旺。"逸欲有邦"，指用放逸和私欲的态度来治理邦国。要求克已治国，这与"认为王权属于上天，君臣只是上天的权力代理人，所以不能任性胡为"的思想有关。

第二句："兢兢业业，一日二日万几。""兢兢业业"一词，我们现在也常用。"兢兢"，象形字是人顶着重物行走，不小心就会摔倒。"业业"，指在高处筑墙。高处筑墙很危险，一不小心就会掉下去。一两天内会有上万件事情发生，每件事情都可能变成燎原的星星之火，要小心应对。星星之火，包括自己的私欲发作。

第三句："无旷庶官，天工人其代之。"本句观点非常重要，认为朝廷权力只是上天授予的代理权。上天是委托者，朝廷中的君王和官吏是代理人，他们的任务就是完成上天赋予的工作。主权在上天，代理人若不能按规定完成任务，上天就会换掉代理人，这就是天命转移、王权易主。"天工人其代之"，意思就是由人来代理上天的工作。

第四句："天叙有典，勅［chì］我五典五敦哉！""典"字的象形，是排列好的竹简或木简，指写在简上的律法。"勅"是诫律的意思，"五典"是什么？有人解释为君臣、父子、夫妇、兄弟、朋友的关系，但这是后人的解释，我们至今仍不知道五典的确切所指。我猜想"五典"应当是指五个方面的诫律。

第五句："天秩有礼，自我五礼有庸哉！""五礼"具体指什么，学术界有不同看法。从西周金文统计来看，西周最重要有五种礼制：祭礼、军礼、宾礼、封建礼、飨礼。

第六句："同寅协恭和衷哉！""同"指求同；"寅"指敬畏；"协"指协作；"恭"，指恭敬；"和"，指和谐；"衷"，指忠诚。古人文字简洁，一个字可表达一个德性。

第七句："天命有德，五服五章哉！""天命有德"，是周朝的政治神学，认为有德者得天命，有天命即有天下。天命降临有德者，这些有德者分为五级，可用五种服饰标识出来。

第八句："天讨有罪，五刑五用哉！""五刑"，指割鼻子、割膝盖、割生殖器、脸上刺墨、处死。在我们的印象中，周代的治理比较温和，兴礼重乐，以礼治国，但其实周代礼制中也有严格的刑法。"天讨有罪"说的是上天讨伐有罪之人，惩罚有罪之人，天不容罪恶泛滥。

第九句："天聪明，自我民聪明。天明畏，自我民明威。"这句话是西周的政治神学，对中国精神影响深远。周武王起兵时，就用了类似的话。上天支持朝廷，就表现为人民对朝廷的支持。上天反对朝廷，就表现为人民的反叛和对君主的惩罚。从此，在中国人的政治概念中，人民被赋予了一种神性，这是上天的神性，上天与人民在一起，人民才是上天的真正代理人。

第十句："达于上下，敬哉有土。""上下"这个概念中，上为天，下为民，敬天顺民。

以上有三个重要观点：

1. 朝廷权力的来源。

君权属于上天，君主官吏只是上天治理世界的代理人。《皋陶谟》讲的是敬天爱人，不是人定胜天。

2. 法律的起源。

国家法典（五典）、礼制（五礼）、等级安排（五服）、刑罚规定（五刑）皆源于上天，是天命的表现，是上天治理世界的规则的落实。学界讨论法律的渊源，有三种代表性的观点：第一种以马克思为代表，认为法律是阶级统治的工具（在公元前375年前后的柏拉图《理想国》中，苏格拉底已批评过这种观点）；第二种是以卢梭为代表的社会契约论，认为法律制度是社会契约，是公民共同签订的契约；第三种观点认为法律源于神，是神的法则。《圣经》是神法观念，认为摩西所传十诫律法，源于上帝的启示。《尚书》认为人间法的原则在上天，属于天法的人间化。不同的法哲学，对法的态度不同。如果法是阶级统治的工具，那么被统治者如果有实力，可以通过革命反叛推翻旧法。如果法是社会契约，约束性就大多了，必须遵守。如果不遵守，受侵犯方有权争取权利。如果法是上天之法，那么法就是神圣法则，非遵守不可。

3. 天命的表现方式。

《尚书》认为，天意通过民意表现，天心通过民心展示。上天的恩赐，通过人民对君主的敬爱来表现；上天的处罚，通过人民对君主的反叛和惩罚来实现——人民才是真正的上天代理人。

【经文二】

帝庸作歌，曰："敕天之命，惟时惟几。"乃歌曰："股肱喜哉！元首起哉！百工熙哉！"皋陶拜手稽首扬言曰："念哉！率作兴事，慎乃宪，钦哉！屡省乃成，钦哉！"乃赓载歌曰："元首明哉，股肱良哉，庶事康哉！"又歌曰："元首丛脞哉，股肱惰哉，万事堕哉！"帝拜曰："俞，往钦哉！"

译文

帝舜作歌，说："上天赐予天命，惟有顺应，惟有慎微。"然后唱道："大臣喜欢事业！君主我自当奋起！百官得以振兴！"皋陶跪拜叩首扬声说："注意啊！做事兴事，必须慎重遵守制定的法令。经常反省，方能成事，要虔敬啊！"他接着唱道："元首英明啊，大臣优秀啊，万事顺利！"又歌唱："君主琐事繁多，事必躬亲，臣子们就会懈怠，什么事情也做不成功！"帝舜听了，拜谢说："对啊！我们去认真干吧！敬重事业！"

导读

君主大臣们交流采取歌唱的形式，足见早期中国人能歌善舞。其中有几句我想专门解释一下。

"勑天之命，惟时惟几。"上天赐予天命，惟有随时遵行，惟有慎微。天命已化为国家的法典礼制，必须遵守。敬畏天命，必须坚守礼法。

"率作兴事，慎乃宪，钦哉！屡省乃成，钦哉！"做事兴事，必须慎重遵守制定的法令。"慎乃宪"，"宪"指法令。"慎乃宪"，就是对待法令要谨慎。"屡省乃成"，指经常反省，方能成事，一定要虔敬！一定要在法典框架里做事，不能越出法典礼制，这对执政者非常重要。有权之人，欲望总有人去落实，因此最容易任性。尤其当他们认为自己想做的是好事的时候，就更认为没有什么规矩是不能超越的。这种越法行政的做法是有问题的。国家的根本利益在法典制度之中，遵从制度就是最大的利益。

"元首丛脞哉，股肱惰哉，万事堕哉！""丛脞"，指琐细、事必躬亲；"元首丛脞"，指君主集权；"股肱"，指重臣们。君主不能集权于身、事必躬亲，而要放权于下。集权于自己，用的只是自己的力量。放权和监督，用的是他人的力量。管理者的任务，是在正当的目标上，释放他人的力量。

【小结】

我用五句原文来总结《皋陶谟》。

1. 天工人其代之。人的工作，只是代理上天，做好上天安排的工作。上天创生万物，爱护万物，维护万物秩序。人要敬天爱生，配合上天做好这些工作。

2. 天命有德，天讨有罪。这个宇宙，并非一个没有善恶是非的宇宙，是有善恶是非的。上天是惩恶扬善的，是公平正义的。

3. 天聪明，自我民聪明。天明畏，自我民明威。人民是上天的真正代理人。

4. 率作兴事，慎乃宪。做事，一定要考虑法典规章。大领导的任务是守住法律制度，守住规则，而不是做具体的事情。

5. 元首丛脞哉，股肱惰哉，万事堕哉。元首的作用，在于激发和运用他人的力量，而不是指导、干预一切。当领导，不是为了显示自己的权力来满足自己的权欲，而是为了激发众人的积极性去把事情做好。

上述这些，都是古代中国人积累起来的领导学智慧。这对我们理解历史、认识现实、展望未来、塑造一个更贤能的自我，都有重要价值。

第三讲《汤誓》

予畏上帝
不敢不正

真敢自我牺牲的人,反而牺牲不了。

【背景】

《汤誓》文本中有周朝习惯用语，如"天""台"等，且有春秋战国习惯用的连词，如"而""则"等。《汤誓》应是春秋战国时期对古文献传抄编译而成。

《汤誓》是商汤起兵推翻夏王朝时的战前誓言，堪称中国历史上第一份革命誓言。这篇誓言塑造了后世中国历代革命话语的模式。

大禹治水有功，舜禅让王位给大禹。大禹去世后，大禹的儿子启继承大禹王位，建立夏王朝（约公元前2070年—公元前1600年），开启了王位世袭制，中国进入"家天下"时代。商汤是夏王朝的终结者，也是商王朝（约公元前1600年—公元前1046年）的缔造者。

夏王朝目前仍属于传说中的王朝。目前还没有找到足够的能证明夏王朝的确存在的考古学证据，世界考古学界对夏王朝的存在还有争议。对于一个王朝是否存在，考古学界有一些标准，例如城市、公共建筑、青铜、文字等。目前没有发现与夏王朝有关的文字。有学者认为河南洛阳盆地东部偃师市境内的二里头遗址（测年结果约为公元前1750年—公元前1500年）可能是夏王朝遗址。二里头遗址有城市、公共建筑、青铜器，但可惜没有发现文字。虽然二里头博物馆取名为"二里头夏都遗址博物馆"，但夏王朝是否存在，学术界仍有争议。毫无疑问，商王朝是一个成熟的王朝，有都城，如殷墟遗址；有宗教，如大量的青铜和玉器祭祀用品；还有完整的甲骨文文字，目前已发现四千多个甲骨文文字符号。

《诗经·商颂》是一首壮美的史诗，歌颂商王朝的诞生，赞美商汤的征伐：

"天命玄鸟，降而生商。宅殷土茫茫。古帝命武汤，正域彼四方。"

这首诗的意思是：上天命令神鸟降临而生大商，居住在茫茫殷土上。往昔的日子，上帝命令商汤，征伐疆域四方。

"武汤"，指商汤。与商汤有关的事，重要的有三件。

第一件事：商汤推翻夏朝，建立商朝。商王朝时间大约从公元前1600年到公元前1046年，延续近554年。

第二件事：商朝是"宗教-政治"氛围浓厚的王朝。现在发现的商代甲骨文和青铜器，多数是祭祀用品。甲骨文所刻写的，主要是向神灵卜问的内容。青铜器，多用于装酒食献祭。商人的宗教结构是：最高神称为"帝"或者"上帝"，此外还有祖先之灵、风雨雷电山河等自然神。在宗教学上，这种宗教结构接近"主神论"，即有一个主神，但同时还会祭祀其他神灵。许多人认为中国传统上缺少宗教信仰，这是不对的，至少这种判断不能包括商朝和周朝。

第三件事：商汤将自己献祭给上帝求雨。《吕氏春秋·顺民》记载，商汤征服夏朝以来，天大旱五年，商汤亲自到桑林去祷告说："余一人有罪，无及万夫；万夫有罪，在余一人。"如果我一个人有罪，不要殃及万民；如果万民有罪，由我一个人来承担。然后，商汤把自己当成牺牲品走到柴堆上去，要燔烧自己献祭上帝，为万民求雨祈福。结果天降大雨救下商汤，救了万民，救了商朝。

《道德经》第七十八章说：

"受国之垢，是谓社稷之主；受国之不祥，是谓天下之王。"

"垢"指灾祸，"不祥"指不吉利。能够承受国家的灾祸，这就是社稷之主；能够承受国家的不吉利，这就是天下之王。老子这样的说法，很像是在总结商汤的行为。

中国历史上有一个秘密，这个秘密成就了不少大人物：为了民众利益而敢于自我牺牲的人，天命可能会降临到这个人身上。真敢自我牺牲的人，反而牺牲不了；真敢舍弃性命者，往往会保有生命。

下面我们进入本讲经文的学习。

【经文】

王曰："格尔众庶，悉听朕言。非台小子敢行称乱。有夏多罪，天命殛之。今尔有众，汝曰：'我后不恤我众，舍我穑事而割正夏？'予惟闻汝众言，夏氏有罪。

予畏上帝，不敢不正。今汝其曰：'夏罪其如台？'夏王率遏众力，率割夏邑，有众率怠弗协，曰：'时日曷丧，予及汝皆亡！'夏德若兹，今朕必往。

"尔尚辅予一人，致天之罚，予其大赉汝。尔无不信，朕不食言。尔不从誓言，予则孥戮汝，罔有攸赦。"

译文

王说："你们众人，都听我说。不是我小子敢于举兵叛乱。夏王犯下诸多罪恶，上天命令我去消灭他。现在你们众人可能会说：'我们君主不体恤我们，要我们放弃农事去征伐消灭夏王。'我已经听到你们这样说。但是夏王有罪，我畏惧上帝，不敢不去征伐！现在你们会问：'夏王的罪行究竟是什么样的？'夏王耗竭民众力量，祸害夏国都邑。民众倦怠不堪，不能团结协作。他们说：'夏桀，你这个太阳何时消亡？我们愿同你一起灭亡。'夏王德性如此败坏，现在我必定要去讨伐。

"如果你们辅佐我一人，执行上天的惩罚，我将大大赏赐你们！你们不要不信，我绝不食言。你们如果不遵守誓言，我会把你们的妻儿收做奴隶或者杀戮你们，绝对不会宽恕。"

导读

第一句："格尔众庶，悉听朕言。"你们众人，都听我说。"格"，发语词；"尔"，你们；"众"，众人；"庶"，也是众人之意。

第二句:"非台小子敢行称乱。"并非我小子敢于举兵叛乱。"台",我,音〔yí〕;"小子",不懂事的小孩子,谦称;"称",举事;"称乱",举兵叛乱。

从这句话看,商应当是夏的臣属国家,所以才会用"称乱"这种概念。《尚书》中记载周公"商革夏命"之言,商革了夏的命。"革命"这个概念,指天命转移,上天拣选新君,革除旧王朝天命,建立新王朝。

第三句:"有夏多罪,天命殛之。"夏王多罪,上天命令诛杀他。

商汤将讨伐夏桀的原因归因于天命,奉天命诛灭夏朝。"殛",即杀的意思。

第四句:"今尔有众,汝曰:'我后不恤我众,舍我穑事而割正夏?'予惟闻汝众言。"现在你们众人可能会说:'我们君主不体恤我们众人,让我们舍弃收获庄稼去消灭夏王?'我已听到你们众人这样说。

"后",指君主。"穑",指收获庄稼。"稼穑"这两个字,一般是"稼"指耕种,"穑"指收获。"舍我穑事",意思是舍弃我们收获谷物之事。从这句话可以推测商汤起兵之时接近秋天了,所以民众才说"舍我穑事"。

第五句:"夏氏有罪,予畏上帝,不敢不正。"夏家有罪,我畏惧上帝,不敢不去征讨他。"正",指征伐。

为什么商汤说自己起兵征讨夏桀,是因为畏惧上帝呢?前面商汤已说过:"有夏多罪,天命殛之。"商汤起兵，是奉天罚罪，涉及天人关系。

从商朝甲骨文中可以看出，商人崇拜的最高神，称"帝"或"上帝"。上帝超越在祖先和众自然神之上，决定风雨雷电这些自然现象，决定战争成败，决定城邑安危，也决定君王命运。商朝殷墟甲骨文中，有"天"字，但指天空或地名，没有至上神的宗教含义。为什么本章中把至上神称"上帝"，又称"天"？既讲"予畏上帝"，又讲"天命殛之"？1977年陕西岐山县发现的周人早期周原甲骨文中有"天"字，是宗教意义的至上神。周人推翻商王朝后，为团结商遗民，把周人至上神"天"和商人至上神"上帝"统一祭祀，合称为"天宗上帝"。《逸周书》西周文献"世俘"篇中记载周武王"告天宗上帝"。《尚书·召诰》中则称"皇天上帝"。整个周王朝，至上神的名称都是"上帝"与"天"相混相合，指同一至上神。"上帝"与"天"，可理解为一神多名，但也有一些差异。"上帝"的人格性更明显一些，会对人说话；"天"的人格性少一些，不对人说话。在露天祭坛上祭祀，称"天"；在殿里祭祀，称"上帝"。

从"有夏多罪，天命殛之"和"夏氏有罪，予畏上帝，不敢不正"这两句话中，可以看出商汤心中上帝的特性——上帝主宰历史，善恶分明，历史有惩恶扬善的方向。上帝是公义的，必讨伐有罪之人。事奉上帝的人，必惩罚有罪之人。

第六句：今汝其曰："夏罪其如台？"今天你们问：

"夏王的罪是怎么样的？""台"，在此读为[yí]，此处相当于疑问词"什么"。

第七句："夏王率遏众力，率割夏邑。"夏王耗竭民众力量，毁了夏国。"邑"，指城市。当时常用城市来指称国家。朝廷耗竭民力，往往有两种情况：一种是战争，持续不断开展战争，非常耗竭民力；一种是朝廷奢侈浪费，赋税沉重。战国文献清华简《尹至》中，记载伊尹对夏桀的评价，指责他玩物丧志，荒淫无度，为政残暴，不守宪章，不体恤百官民众，使夏国沉沦。

第八句："有众率怠弗协。""怠"，指倦怠。暴君高压盘剥，众人疲惫。"协"，指团结协作。上下左右不团结，内部矛盾加剧。

第九句："曰：'时日曷丧？予及汝皆亡。'夏德若兹，今朕必往。"夏朝的百姓都说："这个太阳何时灭亡？我愿和你同归于尽。"夏王德性如此败坏，今天我必须前往。"必往"，指必须前往征讨。

本句为什么将商纣王与太阳相联系，目前仍难以解释。太阳崇拜和太阳神话，是人类古文明的普遍现象，从埃及到欧州到美洲都有。中国商朝时期是否有太阳崇拜？是否将君权与太阳相联系？从商朝甲骨文和青铜器中，看不出明显的太阳崇拜痕迹。但是，商朝后期的四川三星堆和金沙遗址中，有明显的太阳崇拜，如三星堆的青铜太阳轮和金沙遗址的太阳神鸟。《诗经·商颂》中"天命玄鸟，降而生商"的诗句，似乎是把商王权与太阳建立了某种联系。《诗经》"天命玄鸟"的提法有可能与金沙遗址的金箔太阳神鸟同出一类太阳神话。商王权与太阳的关联，我们缺少充分的研究资料，目前难以深入。

无论如何，一个君王，把众人逼迫到愿意与他同归于尽，可谓愚蠢至极。但历史上总有这样的昏暴之君。高压之下，众人道路以目，一片寂静无声，君王会以为社会很稳定。反叛行动一旦爆发，突然之间烈火遍地。民众的深度沉默，其实是最大的危险。

第十句："尔尚辅予一人，致天之罚，予其大赉汝！"你们辅助我一人，实施上天的惩罚，我就会大大赏赐你们。"尚辅"中的"尚"，是辅佐的意思。"致天之罚"，实现上天之罚。"天罚"或"天之罚"的概念，最早出现在《尚书》中，这是中国思想史上一个重要的政治神学概念，指上天灭除暴君推翻政权改朝换代。"天罚"概念，是中国政治精神史上对王权有潜在约束力的神学概念。"天罚"概念诞生以来，就没有从中国人心中消失过。赉［lài］，指赐予。

第十一句："尔无不信，朕不食言。"你们不要不相信，我从不食言。说了要大赏赐，就会大赏赐。

第十二句："尔不从誓言，予则孥戮汝，罔有攸赦。"你们不听从我今天的誓言，我诛及你们妻子儿女，无所赦免。"孥"，指妻子儿女，也指收为奴隶。

商汤表达了自己必须征讨夏王的决心，要求众人必须配合他。投入战争，立功有大赏赐。拒绝投入战争，全家将被诛杀。商汤个性刚毅严厉。

商汤的战争准备工作做得非常扎实，发起进攻后迅速结束了战争。战争准备工作中，有一个人起了重要作用，他就是商朝开国宰相伊尹。清华简《赤鸠之集汤之屋》记载，伊尹受巫鸟传话，为夏王桀看病，进入到夏王桀身边，成为夏王宫廷中的间谍。《国语·晋语》中记载，伊尹还把夏王桀的一位叫妹喜的爱妃发展成了间谍，"妹喜有宠，于是乎与伊尹比而亡夏"。夏王桀的一举一动，都在伊尹和商汤的掌握之中。

公元前1600年，夏商在鸣条（今山西夏县之西）决战。打败夏军后，商汤并没有杀掉夏桀，而是流放了夏桀。

大禹治水，大禹儿子启利用大禹的声望和权势，终结了禅让制，建立了君主世袭制的夏朝。夏朝终结在商汤、伊尹等人的手上，但商王朝仍然延续了夏朝的君主世袭制。

商汤缔造了商王朝，直到554年以后，公元前1046年，商纣王在位时期，商王朝被周武王、姜太公、周公等人在牧野之战推翻。

【小结】

商汤这篇誓言有三个思想要点。

第一个要点，商汤相信纷纭复杂的自然和历史现象背后，有一个至高的主宰力量。商汤称之为"上帝"，也称之为"天"。上帝或上天，以天命的方式主导历史的运行。

第二个要点，我们生存其中的宇宙，是一个善恶分明的宇宙，是向善方向的宇宙。上帝是正义的上帝，上天是公义的上天，惩恶扬善是上帝的特质，是天命的必然表现。

第三个要点，上帝公义，上天正义，敬畏上帝者，遵奉天命者，必须行为公义，有勇气站出来，为惩恶扬善承担风险。

商汤的"汤誓"有一种打动人心的力量。能保有商汤这种传统德性，中国就能建立公义的秩序，受世人的敬重，成为保障世界公义秩序的力量。

第四讲《益稷》《甘誓》

烝民乃粒
万邦作乂

> 好的执政，是知道权力的边界，不任性扩大权力。

【背景】

本讲我们分析《益稷》和《甘誓》。《益稷》《甘誓》皆有战国文字特征，估计是战国时期史官根据古代文献重新编撰完成。我选《益稷》讲解，主要是考虑到大禹对中国历史的深远影响。我选《甘誓》，是因为《甘誓》记载夏启与有虞氏的战争，这是君主世袭制代替禅让制引发的冲突。

中国人都知道大禹治水为王的故事。大禹是中国历史开端中最重要的历史人物之一，他是一个重要的精神符号，这个精神符号深深刻在中国人的心灵深处。大禹是中国历史传说中禅让制的虞时代的终结者，是君主世袭的夏时代的开启者。大禹的精神悄然影响着中国人对政治的看法，理解大禹是理解政治传统的一个重要方面。

先秦文献中多处提到大禹，都把大禹视为上古明君圣王。《尚书》提到大禹30处，《诗经》6处，《左传》12处，《论语》4处，《孟子》10处。《史记》中更多，提到大禹500多处。

西周青铜器遂公盨，制作于公元前900年左右，上面有大禹治水的描述："天命禹敷土，随山浚川，乃差地设征。"上天命令禹治理土地。随着山势疏通川流，按照土地征收赋税。

遂公盨传达出两条重要信息。

第一条，在西周中后期，大禹治水的故事已经流布中国，被铸入青铜器中。

第二条，中国征收赋税，是从大禹开始的，治水和征税，有必然联系。治水需要组织人力物力，得靠征收赋税来承担。治水权引出征税权，征税权引出职业税吏，这是政府官僚制度的开始。

历史文献中，大禹是明君榜样。大禹故事成为塑造中国人格和思想的力量。分析大禹，我们能更深入地理解中国人和中国历史。

【经文一】

帝曰："来，禹！汝亦昌言。"禹拜曰："都！帝，予何言？予思日孜孜。"皋陶曰："吁！如何？"禹曰："洪水滔天，浩浩怀山襄陵，下民昏垫。予乘四载，随山刊木，暨益奏庶鲜食。予决九川，距四海，浚畎浍距川。暨稷播，奏庶艰食鲜食。懋迁有无，化居。烝民乃粒，万邦作乂。"皋陶曰："俞！师汝昌言。"

译文

帝尧说："来，禹。你也说说。"禹行拜手礼说："呵！我说什么呢？我想的是孜孜不倦地工作。"皋陶说："嗨！什么意思？"禹说："洪水滔天，浩浩荡荡，环绕高山，漫过丘陵，下面百姓被水淹地陷。我乘坐四种交通工具，随山砍木建道，和伯益一起为民众提供鲜食。我疏通九川流向大海，疏通溪流流入大河。我和后稷一起，在众人缺食时提供食物。将某些地方的余粮调剂到缺粮的地方，迁移百姓居住地。民众有粮食，万邦治理有序。"皋陶说："好啊，你做的确实如你所说的。"

导读

这段话传达出以下五条重要信息。

第一，当时洪水滔天，大禹率领治水。

第二，水灾中最重要的问题，是保障粮食供应，由大禹和伯益负责组织完成。

第三，受灾严重的地区，需要进行搬迁及农业生产安排，由大禹和后稷组织完成。

第四，灾难中一定会出现平均分配的平均主义，要把粮食从有余粮的人手中拿出来，去救助没有粮食的人，这样就得有一套强制性的粮食征收和分配机制。遂公盨中已记载大禹治水和征收赋税。

第五条，平均主义需要公平的道德来实施。《尚书》反复讲禹的德性公正。遂公盨在讲完治水和征收赋税以后，马上就讲大禹之德，提出"民好明德"，人民爱好有明德之人。什么是明德之人？治水救灾中，就是能在平均分配中公平无私的人。

上述信息已生成中国政治合法性的一种思想基因：在灾难环境中要"用公平的强权实现平均主义的分配"，即"公平强权+平均主义"。谁能表现出这两个特征，百姓就对他山呼万岁。

【经文二】

禹曰："都！帝慎乃在位。"帝曰："俞！"禹曰："安汝止，惟几惟康。其弼直，惟动丕应。徯志以昭受上帝，天其申命用休。"

译文

禹说："啊！在君位上要谨慎小心啊！"帝舜说："是呀！"禹说："要安心于权力停止的地方，谨慎于细微处，才能真正安康。辅之以正直，行动才能得到响应。以洁净之志去等候上帝的选择，去承受上帝之命，上天就会降天命赐以美好。"

导读

"安汝止"，安心于权力停止的地方。权力是有边界的，要有限制的范围，要行有限权力。

"徯志以昭受上帝"，顾颉刚先生把"徯"理解为洁净。可理解为以洁净之志向，承受上帝之命令。还有一种解释，把"徯"字理解为等候，这似乎更有味道，指控制自己的任性，做出公正之事，等候上帝的选择。这是静候上天护佑之心，更有深意。我把两个意思综合在译文里面了。我们都知道大禹治水，在外十三年，过家门而不入的传说，但不知道大禹是信仰上帝的。"徯志以昭受上帝"，这是禹对舜说的话。请注意禹讲话的口气，不像秦制以后臣子对君主说的话，而是像朋友交流，甚至像老师教导学生。禹认为好的执政，是知道权力的边界，不任性扩大权力。以公正之心使用权力，以洁净之心信仰和等候上帝，执政天下即行上帝之道。

【经文三】

禹曰："娶于涂山，辛壬癸甲，启呱呱而泣，予弗子，惟荒度土功。弼成五服，至于五千，州十有二师。外薄四海，咸建五长，各迪有功。苗顽弗即工，帝其念哉！"

译文

禹说："我在辛日娶涂山氏，到甲日就离开了。儿子启呱呱哭泣，我没有照顾儿子，只忙于整治水土。将土地分为五服，疆域达五千里，每州有十二师区域。直到四海，设立了五长来管理，各有立功。只有苗人顽固不参与治水工作，请您考虑！"

导读

每旬第一天为甲日，从辛日到甲日，有四天。大禹结婚4天后，就去治水了。儿子哇哇哭，他也没有时间来照顾儿子，而是忙于治水。治水涉及诸多方面艰难复杂的工作。例如要迁徙移民，就要对各部族的领土进行统一的规划和管理，涉及敏感的土地权属分配。大禹在治水过程中，借水灾的压力和治水的权力，将粮食纳入统筹调度，将土地纳入统一分配，权力很大，面临的矛盾显然也很大。

《尚书·吕刑》中有指责苗人没有搞好天象历法和祭祀，司法裁判不公等问题，可以看出当时的苗人是祭司阶层。显然，在这场借联合救灾发展统一强权的过程中，苗人部族是当时的反对派。大禹这种救灾强权和平均主义的做法，最受冲击的应当是当时的高层贵族，祭司阶层更是首当其冲。禹部族与苗人阶层矛盾很深，不仅因为祭司阶层对救灾造成权力向大禹转移不满，也因为大禹的父亲鲧治水不当，是被苗人首领祝融杀死的。尧、舜、禹时代是君主禅让制向君主世袭制转变的历史时期，各种矛盾冲突很大。这时期有两种对立的力量产生：一边是苗人和有虞氏，他们要维护传统的部族权力和禅让制；一边是大禹，他为了救灾而要求集权。持续的洪灾，使大禹集中权力具有了合法性，大禹最终取得了优势，大禹的儿子启则取得了决定性胜利，继承大禹君位，建立了君主世袭制，使公共权力由原始部族联盟共产变成了家族私产。

大禹的精神基因，在平均主义、公平强权的基础上还要增加勤奋与牺牲这两条。大禹为治水奋斗，牺牲小家庭利益，正如《史记·项羽本纪》中记载项伯之言："为天下者不顾家。"

大禹精神可总结为四要素：强权控制、公平德性、平均主义、勤奋牺牲。

中国第一次制度变迁，是从禅让制到世袭制的变迁。《尚书》没有描写这次变迁的具体过程，但在《史记·夏本纪》中有记载。禹去世前，并没有把王位传给儿子启，而是传给了益。三年丧礼结束后，益把王位让给禹的儿子启，自己避开启去了箕山。大禹的儿子启贤明能干，天下人都属意于启，说："启可是禹的儿子呀。"于是启即君主之位。

但凡重大制度变迁，都会涉及众多传统权利的调整，不会没有矛盾。大禹时代已爆发与有苗氏的冲突。下面我们要读的材料，是启即位后爆发的启与有扈氏的战争。

【经文四】

大战于甘，乃召六卿。王曰："嗟！六事之人，予誓告汝：有扈氏威侮五行，怠弃三正，天用剿绝其命，今予惟恭行天之罚。左不攻于左，汝不恭命；右不攻于右，汝不恭命；御非其马之正，汝不恭命。用命，赏于祖；弗用命，戮于社。"

译文

将于甘地大战，（夏王启）召来六卿。王说："啊！你们负责六事的人，我告诉你们誓言：有扈氏暴力侮辱'五行'（指星象法则），废弃'三正'（指大臣），上天要剿绝其命，今天我恭行上天之罚。左师不进攻左方，就是你们对命令不恭敬。右师不进攻右方，就是你们对命令不恭敬。驾驭马车不能正向前进，就是你们对命令不恭敬。听从命令，在祖庙赏赐你们。不听从命令，在社坛杀了你们。"

导读

启继承父亲大禹为君，破坏了禅让制传统，有扈氏反叛，启对有扈氏进行镇压。反对启当王的人失败了，支持启当王的人成功了。启建立夏朝。启去世后，把君位传给儿子太康，君主世袭制从此登上中国历史舞台。夏人建立了君主世袭制，但夏人的统治并不安定。屈原《天问》中有诗句："帝降夷羿革孽夏民。"上帝降下东夷羿杀戮夏民。羿与有虞氏同属东夷部族。

《史记》把禅让制的制度变迁归结为偶然性，说大禹虽然传位给益，但益能力不行，大禹的儿子启能干，大家拥戴启当了王。这种偶然性是可能的，但背后有必然性。大禹救灾治水，统一管控人口、粮食和领地，形成了一个以大禹的道德和强权为中心的治水权力集团。治水集团的权力和利益环绕辅助大禹治水而形成，他们的权力超越了传统的各部族，他们不愿意丧失在治水中拥有的特权。而且，他们在治水过程中采取的暴力强权手段也使他们在部族联盟中树敌过多，如果新君权交接给非大禹权力系统中人，这个治水集团就很可能面临危险。废除传统的禅让制，拥戴大禹的儿子启为王，这是治水集团保护自己权力和利益的重要选择。治水权力集团支持启打败了有扈氏，终结了禅让制，巩固了君主世袭制。

君主世袭制在历史上是文明国家中出现的普遍现象。凡是传统农耕社会，都面临战争、自然灾害以及在财富稀缺的情况下对土地、粮食的再分配，似乎有一个向君主集中权力的趋势。中国的君主世袭制是在大禹治水需要强权的环境中产生的，但君主世袭制以后在中国延续了三千六百多年，也说明君主世袭制对传统农耕社会的适应性。

中国历史上的第一次政治权力集中，是夏朝君主世袭制的建立。从夏朝到周朝，虽然政体是君主世袭制，但贵族仍然拥有很大的权力，政治权力是一种"君主—贵族"共治的制度，君主做不到高度集权。中国第二次政治权力集中，是秦统一中国建立君主中央集权制。自此，权力才彻底集中到了皇帝个人手上。

【小结】

从《益稷》《甘誓》来看，君主集权建立在应对共同灾难和平均主义的基础上。只要这两个条件不存在，君主集权制自然就失去了基础。因此，君主要维持集权，本能地需要共同灾难和平均主义。

大禹式的政治思想基因不断在中国历史上遗传。大灾面前，生命至上，尽一切可能让更多人活下去。这是一种以强制分配为中心的社会治理，强制分配粮食，强制分配土地，强制组织人力，这必然给了君主特殊的强制权力，赋予了朝廷平均分配的超越性权力。为顺畅集中分配财富和组织人力，只能权力至上。这在灾难频繁、民众生产生活严重受制于土地资源的传统农耕社会有一定的必然性。

但在古希腊这样的依赖海洋贸易生存的国家，就无法形成朝廷君主集权的模式。由海员组成的社会，依赖专业的航海技术和各船的团队协作，这是君主无法直接指挥控制的，海员国家难以接受君主集权的社会运行模式。

与传统农耕社会不同，工商社会是一个在竞争中发展的社会，靠的是释放个人的创造力，平均主义必然摧毁社会精英，摧毁民众的创造力。权力过度集中必形成特权，特权必造成腐败，制造出严重的不公平。

大禹的精神基因就在我们中国人身上，成为中国人潜意识中的正当性标准。中国人以大禹为标准去判断国家的好坏。这个标准具有四个要素：君主集权以控制各种社会资源，君主官吏在执法上坚持公正无私的准则，在财富分配上采取平均主义，在德行上有奉献牺牲的精神。

第五讲《西伯戡黎》《微子》

不虞天性
天弃淫戏

> 一个人,唯有知道自己的不足,才能用好人才。

【背景】

第五讲分析《尚书》中与商纣王有关的内容，我们从中可以了解《尚书》的纣王观，了解《尚书》对商纣王灭亡原因的看法。

第一篇《西伯戡黎》。"西伯"，指周文王。"戡"[kān]，指武力平定。现在也用"戡乱"这个词，指平定动乱。"西伯戡黎"，指西伯侯昌武力平定黎国。《西伯戡黎》所用的概念和文字，呈现出春秋特征。这篇文字可能是利用商代史料，用周代文字进行了翻译或编辑。

《西伯戡黎》的内容，记载周文王平定黎国后，商朝贵族祖伊跑去找商纣王，警告商纣王灾难将至。我们不知道祖伊和商纣王的关系，但从口气上看，两人应当比较亲近，估计是商纣王长辈级的贵族，可能是商纣王叔伯辈分的人。

黎国在今天山西的长治县，当时是商朝属国，是商朝西方重要屏障。周文王被商纣王放归周国后，很快起兵征伐西部的戎人部族，扩大领地人口。周文王第五年，周军忽然转向东进，灭了周国东部的黎国，打开了通往商王朝本土的大门，这是周人进攻商王朝的战略东进行动。周国同时建立了与汉水、长江流域的部族联盟。《论语·泰伯》记载孔子之言，说周文王已经"三分天下有其二"。

在儒家叙事和中国民众心中，周文王给人一种文人形象，他是推演八卦的思想家、占卜大师，但其实历史上的周文王是战功赫赫的。《诗经·皇矣》描写周文王指挥进攻密国与崇国，抓到成串的俘虏（执讯连连），割下成排的耳朵（攸馘安安），四方莫敢违逆（四方以无拂）。

清华简《保训》记载了周文王给周武王的临终遗言。周文王强调时机到了，时间紧迫，不能耽误，必须马上进攻。周武王在周文王死后，没有为周文王守丧礼，直接进入战争。

【经文一】

西伯既戡黎，祖伊恐，奔告于王。曰："天子！天既讫我殷命。格人元龟，罔敢知吉。非先王不相我后人，惟王淫戏用自绝。故天弃我，不有康食。不虞天性，不迪率典。今我民罔弗欲丧，曰：'天曷不降威？'大命不挚，今王其如台？"王曰："呜呼！我生不有命在天？"祖伊反曰："呜呼！乃罪多，参在上，乃能责命于天？殷之即丧，指乃功，不无戮于尔邦！"

译文

西伯周文王昌征服了黎国，祖伊恐慌，跑去告诉纣王说："天子！上天要终结我们商朝的天命了。贤人和龟甲骨，没有敢告知吉祥。并非祖先不助后代，是因为你淫乱游乐，自绝于天。所以上天抛弃我朝，使我们没有丰盛的粮食，不能安于上天赐予的天性，不能继承和遵循国家法典。现在我们民众没有不愿国家毁灭的，大家说：'上天为何不降下威罚？'天命把握不住了，你想怎么办呢？"纣王说："咦！我生下来，难道不是因为有命在天吗？"祖伊反驳说："哎！你罪恶太多，已被上天审判。你还能要求上天再延你天命？我殷朝要毁灭了，这算是你的功劳了，你会在你的国家中被杀死的。"

导读

我们总结一下祖伊讲话的四个要点。

第一个要点：上天不再护佑，商王朝要终结了。

第二个要点：国家危机重重，商纣王的淫乱游乐是重要原因，责任在商纣王。

第三个要点：朝廷没有足够的粮食储备，上下德性败坏，国家法制失控。

第四个要点：商王朝已丧失民心，民众希望商王朝毁灭。

从祖伊的言论来看，商纣王不能顺天应人，而是纵情淫乐，纲纪混乱，上失天意，下失民心。从祖伊对商纣王的指责，我们能总结出祖伊心中好的执政应有的标准：敬畏天罚，争取民心，克制私欲，法治严明。我们可以简化为"敬天、爱民、克己、明法"。这些原则，放之四海而皆准。但商纣王却反其道而行，不敬天，不爱民，不克己，不明法。

祖伊是上天信仰者，相信王权天授。祖伊开篇就讲"上天要终结我们商朝的天命了"，商王国已被上天抛弃。祖伊认为，对个人和政权的罪恶，对个人命运和国家命运，上天是至高的审判者，所以他说："你罪恶多端，已被上天审判。"不仅祖伊是天命信仰者，当时的贵族们也有同样的信仰，所以贵族们也说："上天为何还不降下威罚？"可见当时上上下下，都有敬畏上天的宗教政治文化。

要注意的是，商朝甲骨文中，对最高主宰神，称"帝"不称"天"。周朝则称"天"也称"帝"。本经文称"天"，说明是周朝以后，依据商代史料，重新编辑的文字。

君权天授，国家被上天抛弃，失去上天力量的护佑，国家就要终结了。祖伊说话的口气很直接，直接指责商纣王，更像长辈亲人的口气，不像臣子对君主的口气。商王朝是以宗族为组织基础的王朝，君主与贵族重臣多是亲属关系。他们之间的对话，是君臣之间的对话，也是家人之间的对话。这与秦王朝以"君主—职业官僚"为主线的政治文化有很大差别。

商纣王无心和祖伊去分析具体问题，而是一句话把祖伊堵了回去。他说："咦！我生下来，难道不是因为有命在天吗？"他运用祖伊的逻辑来辩解，既然君权天授，我生而为王，现在仍是王，这难道不是因为我有命在天吗？天命不是跟我在一起吗？

《史记·殷本纪》描写商纣王"知足以拒谏，言足以饰非"，知识足以使他拒绝劝谏，言论足以粉饰他的错误。商纣王能言善辩，自以为是。面对祖伊基于上天不再保佑商朝的指责，他的回答完全把具体问题的讨论给封死了，令祖伊非常绝望。商王朝的崩溃，商纣王与商贵族们的关系恶化是重要原因。《史记·殷本纪》中记载商纣王："剖比干，观其心。箕子惧，乃详狂为奴，纣又囚之。"剖了同父异母的王子比干，挖出比干的心来看。商纣王叔父箕子恐惧，假装发疯而为奴隶，商纣王囚禁了箕子。

《史记》中说纣王辩才敏捷，见多识广。勇力过人，能手格猛兽，表现出文武双全的特征，原文是"帝纣资辨捷疾，闻见甚敏；材力过人，手格猛兽"。正因为商纣王文武双全，所以他非常自傲，他向臣子们炫耀自己的能力，自夸比天下人都高明，以为人人水平都在他之下，原文是"矜人臣以能，高天下以声，以为皆出己之下"。这是领导学中最忌讳的事，领导人自以为是，手下唯唯诺诺，手下人的积极性和才干释放不出来。一个人，唯有知道自己的缺陷，知道自己的不足，才能用好人才。一个国家也如此，唯有知道自己的不足，需要同盟，才会与别国友好合作，共同发展。商纣王自以为是的结果，就是众叛亲离，商王朝毁灭在他手上。

【经文二】

微子若曰："父师、少师！殷其弗或乱正四方。我祖厎遂陈于上，我用沈酗于酒，用乱败厥德于下。殷罔不小大好草窃奸宄。卿士师师非度。凡有辜罪，乃罔恒获。小民方兴，相为敌雠。今殷其沦丧，若涉大水，其无津涯。殷遂丧，越至于今！"曰："父师、少师，我其发出狂？吾家耄逊于荒？今尔无指告予，颠跻若之何其？"父师若曰："王子！天毒降灾荒殷邦，方兴沈酗于酒，乃罔畏畏，咈其耇长旧有位人。今殷民乃攘窃神祇之牺牷牲用以容，将食无灾。降监殷民，用乂雠敛，召敌雠不怠。罪合于一，多瘠罔诏。商今其有灾，我兴受其败。商其沦丧，我罔为臣仆。诏王子出，迪我旧云刻子。王子弗出，我乃颠跻。自靖，人自献于先王，我不顾行遁。"

译文

微子这样问："太师、少师！我们商朝已不能治理四方。我们祖先在上世成功平定天下，我们这代君王沉湎酗酒，淫乱败坏德性。商朝大大小小无不喜好盗窃国家、作奸犯科。卿士官吏所为非法。犯下罪恶的，很少被抓获。小民兴起，互为仇敌。商朝沦丧，如要涉过大河，却无河边渡口。今天商国要离散覆亡了！"又说："太师，少师！我是出走，还是与我这个昏乱的王家一起灭亡呢？"太师这样回答："王子，上天监督，降下灾难，要使商朝覆亡。可商王沉湎酗酒，全无对上天之威的敬畏，不用元老长辈旧臣。现在商人竟然偷窃用以祭祀神明的祭牲，偷来吃了也不受惩罚。对商朝民众强化监控，征收苛重的赋税，不把仇敌都召来就不停止。各种罪行集合到一起，使民众贫困不堪，无处申诉。商朝将有大灾难，我们也会承受败坏的灾难。商朝沦丧，我们不能成为亡国奴。告诉王子，你还是出走吧，用我过去对箕子说过的话，王子如不走，我们仍然要一起被颠覆。我们自求安全，各自向先王献祭，不能过多顾念，逃走吧！"

导读

微子是商王帝乙的庶出长子，商纣王的长兄。微子深感商纣王无可救药，商朝要崩溃，他精神压力很大，去找商朝的太师、少师征求意见。太师、少师是商朝宗教祭祀负责人。微子的问题是：我应该逃走还是与商朝共同毁灭？

太师、少师鼓励微子逃走。太师、少师是商朝宗教领袖，他们这种背弃商纣王和商王朝的态度，说明商纣王失去了朝廷宗教阶层的支持。这在商朝，是十分致命的问题。商朝是宗教政治盛行的王朝，商王大事小事都要求神问卜。商朝宗教结构中，最高是上帝，然后是自然神和祖先神。祖先神承担着商王与上帝沟通的中介作用，商朝祖先祭祀十分隆重。宗教与政治关联密切，政治上得不到宗教阶层的支持，政治软实力会深受损害。

微子和太师都对商纣王不满，但他们关注的问题有所不同。微子关注的内容，是国家治理上的问题，例如商纣王淫乱败德，官吏违法贪腐，法制失控，民众暴乱。太师关注的是更深层的信仰沦丧的问题，例如君王不敬上天，民众信仰崩溃，赋税沉重，四面树敌。

这篇对话的结论是：走人。走人，指的是归顺周人，而不是逃离朝廷躲到深山去。像他们这样身份的人无处可躲，要么反对商纣王被杀，要么被废黜回家，要么归顺周武王。

在牧野之战前，太师、少师带着商王室祭祀法器投奔了周武王。微子也投奔了周武王。最高的宗教阶层太师和少师，还有王子微子等，都叛国投敌，归顺了周武王，可以想见商王朝内部的众叛亲离程度之重。

从这两篇记载看，商纣王的罪行主要有以下六个方面：一是酗酒淫乱，不能自律；二是不敬畏上天，不尊重宗教人士，造成国家信仰沦丧；三是贵族被排斥，不被重用；四是执政不守法，官吏贪腐，法制崩溃；五是赋税沉重；六是四面树敌。

商朝灭亡后，微子被封在宋，成为以殷遗民为主的宋国的开国君主。1976年陕西扶风出土的西周青铜器"史官盘"铭文说明，微子的后人不仅留在宋国，而且世代在周王室为史官，受到周王朝重用。商王朝文化传统，也通过微子后人这样的史官家族，融入到周文化之中。

商王朝崩溃的原因，我做一点补充分析。

商纣王作为商朝末代君王，在历史上被视为暴君昏君的典型。但对商纣王的看法一直存在争议。《论语·子张》中记载了子贡的评价。

子贡曰：

"纣之不善，不如是之甚也。是以君子恶居下流，天下之恶皆归焉。"

孔子是商人后代，孔子的父系祖先是随微子归顺周人建立宋国的贵族之一。估计是孔子的观点影响了子贡，所以子贡说商纣王的罪恶没有这么严重。

《左传》上说："纣克东夷而陨其身。"商纣王战胜了东夷而毁灭了自己。商朝是一个战争不断的王朝。从甲骨文看，仅商王武丁在位（约公元前1250年—公元前1192年）期间，就有81次征伐。《左传》中说："国之大事，在祀与戎。"国之大事，在祭祀与战争。宗教与征战，符合商王朝的特征。帝乙（公元前1101年—公元前1076年在位）和帝辛（商纣王，公元前1075年—公元前1046年在位）在位期间，持续不断对东夷用兵。东夷的国土，主要在黄河下游和淮河流域，相当于现在江苏、山东东部和南部的一些区域。

从军事上来说，商纣王失败主要有两大原因：一是商军主力因与东夷作战，部署在东方，国都军力空虚；二是东夷投降商朝的部伍，被编入了抵抗周军的队伍中，但这些东夷军人与周人暗中联合，阵前叛乱，毁了商朝。

【小结】

从上述这两篇文献中我们能得到一些核心信息：商朝贵族对商纣王不满，对国家未来充满绝望情绪。商朝的宗教领袖和高级贵族选择归顺周人，这种情况的背后，有商纣王不得人心的一面，也有周武王领导层工作细致的原因。周武王综合实力已上升，有更多的盟友，军事方面不断胜利。周文王的第一位妻子为帝乙女儿，第二位妻子太妃出自商朝开国宰相伊尹的有莘氏部族，周王室与商人贵族本来就有密切交往，微子、太师和少师等是商王朝中的周人盟友，对商纣王不满的商贵族阶层采取了归顺周人的态度。

郭沫若等历史学家多次为商纣王翻案，认为商纣王对东夷的战争有助于中国实现大一统。

他们从中国大一统的角度来评价商纣王。按大一统标准，历史上一切扩大国家地盘的对外战争，无论成败，都具有合理性。但《尚书》不是这样评价的，《尚书》是从商纣王不能敬天保民，赋税沉重，不顾国家实力四处树敌的角度来评判的。

牧野之战的东夷俘虏叛乱的历史，主要是郭沫若提出的。俘虏叛乱毁了商王朝，确实如此。但是，为什么商纣王要有持续不断的东夷战争？为什么他看不清实力对比？为什么会有大批俘虏阵前倒戈？为什么商王朝内部的贵族和祭司会背叛商纣王与周人联合？如果不回答这些问题，就无法进行准确评价。

历史上任何君主集权的封建王朝，都避免不了覆亡的命运。君主集权，享受一切特权，结果统治集团在享受特权中精神堕落，德性衰败。集权毁灭精神，特权污染德性。后代君王生下来就享乐，缺少生命挑战，没有经历磨炼，素质持续低劣化。关于王朝兴起与衰落的轮回问题，中国商朝以来三千多年历史上，没有一个王朝真正解决。人只有在开放的、公平的、持续不断的竞争中，才能变得强大起来。个人如此，国家也如此。大一统君主世袭体制是一个不断制造特权和压制竞争的体制，是一种会弱化朝廷服务能力和民众自主能力的体制。

我个人对商纣王的评价是：蠢材大略。说他蠢材，是因为他总以为自己特别聪明能干，什么都要显示自己特殊的地位和才干。说他大略，是他不顾实力跟进，耗竭民力，反反复复地发起侵略东夷的战争。战胜了东夷，拖垮了国家，结果被周武王天才般地利用了机会，以小国的力量，联合东夷叛军，牧野冒险一战，推翻了已有五百多年统治历史的商王朝，开创了延续近八百年的周王朝。

第六讲 《泰誓》

树德务滋
除恶务本

> 上天是正义的,是惩恶扬善的,所以人在世间,必须坚守正义。

【背景】

《尚书·周书·泰誓》记载了周武王在孟津会盟诸侯时的伐商誓言,时间大约在公元前1048年。

先秦文献《逸周书》《左传》《论语》《孟子》《墨子》等经典中都引用了《泰誓》的内容,说明《泰誓》形成于这些经典之前。但是,清朝出现了一批学者,从各个方面去论述《泰誓》是后人所写,其中最有名的是阎若璩。一些关于《泰誓》晚出的观点,主要是由阎若璩提出,再经"五四"以后的疑古学派扩散开来。

我仔细研读这些怀疑《泰誓》晚出的文章,发现他们主要有五种论述方式。

第一种是思想论证。他们认为《泰誓》平等和革命的思想,不符合商周思想,太激进了。但我认为,从思想激进的角度去否定《泰誓》,毫无道理。周武王本人的行为就很激进,他反叛并推翻商王朝的行为,就是激进革命的行为。以平等来号召人,以革命来推翻暴政,这很符合周武王的身份和行为。

第二种是文字论证。他们认为《泰誓》中有些文字和概念是战国时期才有的。但这完全不能证明《泰誓》的思想是晚出,只是说明我们现在拿到的版本可能是战国时期的人进行过文字编辑的。

第三种是引用论证。他们认为春秋及战国早期一些文献中引用到《泰誓》的句子,但这些句子不在现在流行的《泰誓》之中。这也不能说明《泰誓》晚出。

也许《泰誓》的原文本中的文字比现在的《泰誓》更多一些，后来在战国时期经历过删减编辑。

第四种是句式论证，即考察句子相似性。他们认为现在的《泰誓》中的一些句子，与《墨子》《孟子》《荀子》中的一些句子相似。这其实不能说明《泰誓》晚出，反而可能说明《泰誓》早出，还影响了诸子思想。

第五种是文本论证。《泰誓》分为上中下三篇，记载了同一个事件，但表达方式不同。很多研究《尚书》的中国学者习惯性地认为，三个文本不一样，要么说明三篇都不真实，要么只有一篇真实。这种判断基于一个前提，那就是历史记录只能有一个，但这种看法未必妥当。孟津会师，是众诸侯君主会师，多位史官到场，不会只有一个统一记录。商朝甲骨文记载说明，重大战事，史官要到一线战场。多国多族会师，很可能有多种记录。有三篇不同的记录，反而让人感到更真实。人类历史上，同一事件有多个不同记录，并非只有《泰誓》。《圣经》对耶稣事迹的记载，有四大福音书，四个人的四种不同记载，内容很不相同，甚至有不少矛盾之处。历史事件是客观的，但历史记录者是主观的，加上后人在编撰过程中的改动，就会形成文本层累流变的结果。也就是说，对清朝和近现代疑古学派认定《泰誓》晚出的这些论证资料，我们可以有完全不同方向的解读。

读完阎若璩等清朝学者指责《泰誓》为伪书的文字，给我留下的印象是：他们以形式上考据的方式，完成了一项清王朝需要的政治任务，那就是打压革命精神。阎若璩的学术研究受到清朝贵族和高官的认同，他被邀请参与修纂《大清一统志》，还成为雍正皇帝登基为王前的老师。以阎若璩为中心的清朝学术群体，他们的学术导向不是寻求真实，而是服务于权力的稳固。

儒家传承的经典中，对集权的君王来说，《尚书》中的《泰誓》最具思想威胁性。例如，周武王引述古人之言："抚我则后，虐我则仇。"爱护我们的，就是我们的君主；虐待我们的，就是我们的仇敌。

《泰誓》中充满这样的思想：上天与民众同在。上天支持民众杀死暴君，推翻暴政。历代开国君主都面临一大难题，他们大多是通过造反推翻前朝建立新朝的。否定革命就是否定他们政权合法性来源，但继续倡导革命就是对他们既有政权的威胁。历朝历代都很难平衡夺取政权的革命的合法性和为稳固政权而打压革命的必要性。清朝是中国历史上思想控制最为严密精细的王朝，正是清朝开始了对儒家经典中的《泰誓》进行清算，通过学术手段把《泰誓》贬为伪书，来打压知识界的革命叙述。"五四"以来的疑古学派不明就里，他们基于反传统的心理，接过了清朝反《泰誓》的传统，也把《泰誓》定为战国作品。顾颉刚先生是"五四运动"以来中国史学界疑古学派的代表人物，以怀疑古代经典文献的真实性为研究课题，他认为《泰誓》有可能是战国时期受儒家、墨家思想影响的人撰写的。

进入《泰誓》分析前，想请大家先掌握以下四个情况。

第一个情况:《泰誓》的核心思想是：上天与民众同在，上帝与民众同行，上天授权民众反叛暴君，上帝支持民众推翻暴政。这不仅仅是《泰誓》的思想，同样的观点在《尚书》其他篇章中也存在。

第二个情况：先秦文献《逸周书》《左传》《论语》《孟子》《墨子》等经典中都引用了《泰誓》的内容。

第三个情况：绝大多数论证《泰誓》为伪书的学者，尤其是清朝学者，认为《泰誓》最迟也是战国时期完成编撰的。

第四个情况：其于上述三点，我们可以形成一个对《泰誓》年代的基本判断。《泰誓》的思想和史实来源于周初，我们现在看到的《泰誓》文本，在战国时期由儒家或墨家学者进行过重新编订。《泰誓》与《尚书》的其他篇章一样，在编辑上都有一个历史层累的过程。

【经文一】

惟十有三年春，大会于孟津。王曰："嗟！我友邦冢君越我御事庶士，明听誓。惟天地万物父母，惟人万物之灵。亶聪明作元后，元后作民父母。今商王受，弗敬上天，降灾下民。沈湎冒色，敢行暴虐，罪人以族，官人以世，惟宫室、台榭、陂池、侈服，以残害于尔万姓。焚炙忠良，刳剔孕妇。皇天震怒，命我文考，肃将天威，大勋未集。肆予小子发，以尔友邦冢君，观政于商。惟受罔有悛心，乃夷居，弗事上帝神祇，遗厥先宗庙弗祀。牺牲粢盛，既于凶盗。乃曰：'吾有民有命！'罔惩其侮。天佑下民，作之君，作之师，惟其克相上帝，宠绥四方。有罪无罪，予曷敢有越厥志？同力度德，同德度义。受有臣亿万，惟亿万心；予有臣三千，惟一心。商罪贯盈，天命诛之。予弗顺天，厥罪惟钧。予小子夙夜祗惧，受命文考，类于上帝，宜于冢土，以尔有众，厎天之罚。天矜于民，民之所欲，天必从之。尔尚弼予一人，永清四海，时哉弗可失！"

译文

周武王十三年春，大会师于孟津。武王说："啊！我的友邦大君和我的治事大臣、众士们，请听清楚我的誓言。天地为万物父母，人为万物之灵。聪明者为大君，做人民父母。现在商纣，不敬奉上天，降祸灾给下民。他沉湎酒色，敢于施行暴虐，用灭族来惩罚人，听任官位世袭。他广修宫室台榭陂池，衣服奢侈，残害你们万姓。他烧杀忠良，解剖孕妇。皇天震怒，命令我的父亲文王，严正上天威罚，可惜大功没有完成。从前小子我姬发和你们友邦大君到商国考察政治，看到商纣王全无悔改之心，他傲慢不恭，不祭祀上帝神祇，遗弃他祖先宗庙不祭祀。牲畜和粢盛等祭物，也被凶恶盗窃的人偷吃了。他却说：'我有人民有天命！'全无改过的悔意。上天保佑下民，为人民设立君主和师长，要他们辅助上帝，爱护和安定四方。对待有罪和无罪的人，我怎么敢违反上帝的意志呢？力量相同就比德性，德性相同就比道义。商纣有臣亿万，但是亿万条心。我有臣三千，是一条心。商纣恶贯满盈，上天命令诛杀他。我如果不顺从天命，我的罪恶就会跟商纣相同。小子我早晚敬慎畏惧。我在父亲的庙中接受伐商命令，我又祭告上帝，祭祀大社，率领你们众位，实行上天之罚。上天怜悯人民，人民的愿望，上天必会依从。你们辅助我吧！我们要使四海永远清明。时机啊，不可丧失！"

导读

大约公元前 1048 年，周武王继位第九年，在河南孟津与诸侯集会盟誓。周武王起兵反叛商朝，要陈述反叛的正当性理由。

《泰誓》上篇表达了三个主要观点。

第一，上天是公义的。周武王提到上天与民众的关系是"天佑下民"，上天保佑下面的民众，不容民众被暴君践踏和虐待。这在人类神学史上，称为"神义论"，英文是 theodicy。"神义论"在中国的表现，即认为上天向善，天命公义。用中国术语，应当表达为"天义论"，上天是正义的。宇宙秩序的基础是正义与兼爱，人的行为必须正义与兼爱。这种"神义论"，是《尚书》政治神学的核心，也是以后的《论语》《道德经》《墨子》的思想基础。

第二，天命降临有德之人。上天惩罚害民之君，拣选有德之人，这是贯穿《尚书》始终的"天命转移"

的政治神学。君主只是上天拣选的上天代理人，必须敬奉上天，护佑民众。对践踏和虐待民众的君主，上天会实施天罚，民众有权暴力反抗。经文中"皇天震怒，命我文考"，强调上天对商纣王震怒，天命降临文王，实现天命转移。天命降临文王，这不仅是《尚书》反复强调的内容，也是西周青铜器铭文中反复强调的内容。例如，周成王时期的青铜器"何尊"中就有这样的铭文："肆文王受兹大命。"文王受此大命。文王有德，因此承受天命。这种观点，在《尚书·蔡仲之命》中有更清晰的表达："皇天无亲，惟德是辅。"上天与人无血亲关系，不按血亲亲爱谁，上天只辅助有德之人。

第三，诛杀暴君是天命义务。商纣王不敬上帝，残害百姓，必须奉天罚罪，诛杀商纣王。经文中认为商纣王的罪行是"弗敬上天，降灾下民"，不敬奉上天，降灾难于民众。同时认为"天矜于民，民之所欲，天必从之"，上天怜悯人民，人民的愿望，上天必会依从。上天公义，惩罪扬善，爱民保民，对给民众带来灾难的罪恶君王，上天必实施天罚，"商罪贯盈，天命诛之"。有德者奉天罚罪，不能放过罪人。惩罚罪恶多端的君主，是有德者对上天承担的义务。

《泰誓》上篇中有一些重要句子，大家可以多读几遍：

1. 惟人万物之灵。

2. 天佑下民，作之君作之师，惟其克相上帝，宠绥四方。

3. 商罪贯盈，天命诛之。
4. 民之所欲，天必从之。

【经文二】

惟戊午，王次于河朔，群后以师毕会。王乃徇师而誓曰："呜呼！西土有众，咸听朕言。我闻吉人为善，惟日不足。凶人为不善，亦惟日不足。今商王受，力行无度，播弃犁老，昵比罪人。淫酗肆虐，臣下化之，朋家作仇，胁权相灭。无辜吁天，秽德彰闻。惟天惠民，惟辟奉天。有夏桀弗克若天，流毒下国。天乃佑命成汤，降黜夏命。惟受罪浮于桀。剥丧元良，贼虐谏辅。谓己有天命，谓敬不足行，谓祭无益，谓暴无伤。厥监惟不远，在彼夏王。天其以予乂民，朕梦协朕卜，袭于休祥，戎商必克。受有亿兆夷人，离心离德。予有乱臣十人，同心同德。虽有周亲，不如仁人。天视自我民视，天听自我民听。百姓有过，在予一人，今朕必往。我武惟扬，侵于之疆，取彼凶残。我伐用张，于汤有光。勖哉夫子！罔或无畏，宁执非敌。百姓懔懔，若崩厥角。呜呼！乃一德一心，立定厥功，惟克永世。"

译文

一月二十八日戊午，周武王驻兵黄河之北，诸侯率领他们的军队前来会合。武王于是巡视军队，发表誓言。武王说："啊！西方各位带兵的诸侯，请都听我的誓言。我听说吉人行善，时间总不够。凶人行恶，一样时间总不够。商纣放纵无限度，放弃年老大臣，亲近有罪之人。淫乱酗酒，行为暴虐。群臣受影响，各结党为仇，以权柄相互诛杀。无罪之人呼告上天，商纣秽恶德性彰显传播。上天惠爱民众，君主尊奉上天。夏桀不能顺从天意，流毒国家。上天于是佑助和命令成汤，降下废黜夏桀的命令。商纣罪恶超过夏桀，他剥夺杀害良臣，贼害虐待谏臣。他说，自己有天命，敬天不值得实行，祭祀没有益处，暴虐没有害处。他的镜子并不远，就在夏王桀身上。上天要使我治理人民，我的梦符合我的卜兆，吉庆重叠出现，我们讨伐商国一定会胜利。商纣有亿兆民众，但都离心离德。我有拨乱之臣十人，都同心同德。虽然有亲族的团结，但不如仁德之人的联合。上天观看，用我们民众之眼观看。上天聆听，用我们民众之耳聆听。百姓若有罪过，我一人承担，我今天必须前往讨伐。我们要发扬武德，攻占商国疆土，拿下凶残之徒。我们展开征伐，这事业比成汤更有荣耀！与其保有无畏的精神，不如坚守无敌的意志。百姓焦虑不安，如同野兽折了头角！我们同心同德，一心一意，建立功勋，永世不灭。"

导读

《泰誓》中篇的语言，比《泰誓》上篇更为古雅。可以看出，《泰誓》中篇与《泰誓》上篇的内容基本一致，但语言表达方式不同。用不同的语言表达同一个内容，有三种可能性：一是史料来源不同；二是对史料的翻译和编辑方式不同；三是后人在原史料基础上加入的内容不同。同一事件，不同的叙事方式，丰富了这段历史。

我总结的《泰誓》上篇的基本思想，可以用于理解本篇《泰誓》中篇。阅读本篇经文，我们可以注意一些重要细节。

1. 君主的自我定位："惟天惠民，惟辟奉天。"上天惠爱民众，君主事奉上天，君主也必须以惠爱民众为使命。这是关于君权的清晰定位，君主奉天惠民。惠民不仅仅是世俗政治稳定的考量，更重要的是天命所向，天命义务，惠民具有宗教神圣性。

2. 超越血亲的联盟。"虽有周亲，不如仁人"，这句话讲的是"周亲"与"仁人"的关系。"周亲"，指关系亲密的亲人，指有血亲关系的亲属。"仁人"，有仁德品格之人。这句话看似简单，但非常难做到。周武王时期，国家—军事组织以族群为中心，是基于血亲信任的。周武王讨伐商纣王，组织的是多部族联盟军队。《史记·周本纪》记载周武王盟津会诸侯："诸侯不期而会盟津者八百诸侯。"多数诸侯本非周武王同姓。盟军统帅师尚父（后来的姜太公）是姜姓，与周武王也非同姓。如何凝聚人心，团结非同姓的盟友？周武王"虽有周亲，不如仁人"这句话，表达了建立超越血亲的联盟凝聚力的心愿，将盟军凝聚力建立在仁义之上。《论语·颜渊》中记载子夏之言："死生有命，富贵在天。君子敬而无失，与人恭而有礼。四海之内，皆兄弟也。"

上天主宰人生死富贵。君子敬畏上天，不失天命要求，对人恭敬有礼。这样四海之内，皆为兄弟。这也是将人与人的信任与团结，建立在超越血亲的天命信仰上，建立在敬天爱人之上。血亲信任与团结，是发乎自然的。但这种血亲纽带的情感是有限的，无法延伸到血亲之外的人身上，无法超越血亲建立更大范围的信任与团结。超越血亲之上，发现了更超越的凝聚力层面——上天信仰的宗教凝聚力，使周人在反叛时能团结到众多非同姓族群，也为周人今后与商人融合创造了信仰精神的条件，这是周代精神的最高突破。如果能保持这种超越血亲的凝聚力追求，以上天信仰为中心形成互信互助，中国人的信任半径就会超越血亲的范围，协作能力就能更为广泛。

但是，西周上天信仰精神的演化，最后形成了天子对上天祭祀的垄断，从而阻碍了上天信仰的发展，结果以祖先崇拜为凝聚点的宗族社会成为周代社会组织环绕的中心，将很多中国人的信任精神的边界限制在了血亲边界之内。"虽有周亲，不如仁人"这句话启发我们，这是一个重要的精神开端，但还没有取得坚实的成果，我们还需要往前走，建构我们超越血亲的精神凝聚力的新基础。

3. "天民—统一"的思想。"天视自我民视，天听自我民听"，这句话确立了上天与民众的关系，认为民众之眼是上天之眼，民众之耳是上天之耳，上天与民众同在，民为天的代表，天与民统一。这种天民关系的思想，将民心提升到天意的神圣地位，这在人类思想史上是一次历史性突破。《圣经》之中，在天人之间传话的是先知，上帝不对民众说话，只对先知说话，通过先知传达旨命，在民众与上帝之间，有先知阶层作为中介。"天视自我民视，天听自我民听"这句话说明，主宰神上天与民众之间，没有其他中介存在，天命与民心统一。

4. 君权即责任。"百姓有过，在予一人"，这句话说明，君主就是承担责任者，不仅承担自己行为的责任，也承担百姓行为的责任。请注意，这句话表达的君主替百姓担责的思想，与前面天民统一的思想有微妙的差异。天民统一的思想中，天民之间并没有一个中介人物。但"百姓有过，在予一人"这句话中，在上天和百姓之间，在天人之间，出现了一个特殊的君主的角色，为民承担罪责的角色。这里表达的是，君权即责任。天意通过民心表达出来，君主敬天顺民，作为代理去执行天命，以生命去承担被上天付托的责任。

《泰誓》中篇这些句子值得记诵：

1. 惟天惠民，惟辟奉天。
2. 虽有周亲，不如仁人。
3. 天视自我民视，天听自我民听。
4. 百姓有过，在予一人，今朕必往。

【经文三】

时厥明，王乃大巡六师，明誓众士。王曰："呜呼！

我西土君子。天有显道，厥类惟彰。今商王受，狎侮五常，荒怠弗敬。自绝于天，结怨于民。斮朝涉之胫，剖贤人之心，作威杀戮，毒痛四海。崇信奸回，放黜师保，屏弃典刑，囚奴正士，郊社不修，宗庙不享，作奇技淫巧以悦妇人。上帝弗顺，祝降时丧。尔其孜孜，奉予一人，恭行天罚。古人有言曰：'抚我则后，虐我则雠。'独夫受洪惟作威，乃汝世雠。树德务滋，除恶务本，肆予小子诞以尔众士，殄歼乃雠。尔众士其尚迪果毅，以登乃辟。功多有厚赏，不迪有显戮。呜呼！惟我文考若日月之照临，光于四方，显于西土。惟我有周诞受多方。予克受，非予武，惟朕文考无罪；受克予，非朕文考有罪，惟予小子无良。"

译文

戊午清晨，周武王大规模巡视六军，对众将士明确誓言。王说："啊！我们西方的君子们。上天显明天道，天道法则必须彰显。现在商王纣，轻慢五常（天道五种法则），荒淫堕落无所敬畏，自己弃绝于上天，结怨于人民。砍掉冬天清晨涉水者的小腿，剖开贤人的心，作威杀戮，毒害四海民众。他崇信奸邪之人，放黜师保大臣，废除法典刑律，囚禁奴役正直之士。郊社祭祀不修，宗庙享祭不举。造作奇技荒淫新巧的事物来取悦妇人。上帝没有看到君主的顺从，断然降下丧亡的诛罚。你们要孜孜不倦帮助我一人，我们奉行上天的惩罚！古人有言：'爱护我们的就是君主，虐待我们的就是仇敌.'独夫商纣大行威虐,是你们的世仇。建立美德务求滋长,去掉邪恶务求除根,所以小子我率领你们众将士,去歼灭你们的仇人。你们众将士要果敢坚毅,以成就你们的君主!功劳多的,我将有重赏。不遵循命令的,我将公开杀掉。啊!我父亲文王之德,如日月的照临,光辉照耀四方,显荣于西方。因此我们周国特别被众位诸侯亲近。这次如果我战胜了纣王,不是因为我勇武,是因为我的父亲没有罪过。如果商纣战胜了我,不是因为我父亲有罪,只是因为我这小子不好。"

导读

《泰誓》下篇的记载,虽然基本结构与前面两篇相同,但文句差异不小。对商纣王的指责,增加了不少内容,例如说他造作奇技荒淫新巧的事物来取悦妇人,显然是后人增加的商纣王的罪行。但是,整体思想结构没有超出前两篇,但有更为明快激进的思想表达,例如"抚我则后,虐我则雠",爱护我们的就是君主,虐待我们的就是仇敌。

1. 君主的禁忌。周武王指责商纣王"自绝于天,结怨于民",表明了他心中为君的禁忌。君权天授,所以君主只能敬奉上天。如何才能敬奉上天?前面总结过,"惟天惠民",上天惠爱民众,所以敬奉上天,就必须惠爱民众。敬奉上天,惠爱民众,这是君权得以存在的唯一理由。前面总结过,天民统一,敬天者必爱民,爱民者必敬天。"自绝于天",就是不敬畏上天,不惠爱民众，作威杀戮，伤害民众，自我断绝了上天之护佑。

2. 奉天承命，当恭行天罚。旧王朝的崩溃，新王朝的兴起，背后是天命转移。上天惠爱民众，会辅助有德之人，向有德之人转移政权。但什么是有德之人？有德之人就是为了民众，敢于对暴君恭行天罚的人。这里的德，首先是武德，为保护民众，有勇于牺牲、为正义而战的勇气。

3. 君主的资格。"抚我则后，虐我则雠"，指爱护我们的，即是我们的君主。"后"，指君主。虐待我们的，则是我们的仇敌。上天安排君主这个职位，是为了惠爱百姓。如果君主以权谋私，不是惠爱百姓而是虐待百姓，就失去了为君的资格，成为人人的仇敌。君主之为君主，是有条件的，这就是要抚爱臣民，如果失去这个条件，就不再具有君主资格。先秦中国，是君主—贵族社会，贵族不会无条件臣服于君主。《论语·八佾》记载孔子之言："君使臣以礼，臣事君以忠。"仍然强调臣忠于君主是有条件的，暗示如果君主待臣无礼，臣子不必忠于君主。秦王朝建立君主中央集权制度后，臣子不再是贵族身份而变成职业官僚，君臣关系发生了根本变化，君臣关系愈来愈成为臣子依附和效忠君主的关系，这才发展出明代小说和戏剧中常用的"君要臣死，臣不得不死"的君臣关系。

4. 惩恶扬善的伦理观。"树德务滋，除恶务本"的提法，表现出《尚书》善恶分明的道德取向。这种善恶分明的倾向在后来的《论语》《道德经》《墨子》诸子中都得到继承。这种道德绝对主义的立场，建立在我们前面总结过的"天义论"宇宙观基础上，认定上天是正义的，是惩恶扬善的，所以人在世间，必须坚守正义。

中国思想史上的道德相对主义，是从战国庄子开始的，《庄子·齐物论》中说："彼亦一是非，此亦一是非。"人变换立场，就会有不同的是非观，这本来有利于把人从自我固执的立场中超越出来，从多角度审视世界，更全面地理解世界。但是，这也容易造成无善无恶的道德相对主义。佛教在东汉开始逐渐产生影响，强调"缘起论"的宇宙观，认为一切现象产生于无限的不可控的因果关系，一切因缘而生，因缘而灭。人的任何行为，本质上都不是由自己决定的，破除了善恶是非的宇宙观基础，把无善无恶的观念彻底带入了中国精神深处，破坏了《尚书》传统中的以"天义论"为基础的道德绝对主义的立场坚守。佛教入华以后，中国民众惩恶扬善的正义感不是增强了，而是不断被削弱了。

【小结】

《泰誓》三篇核心思想如下：

1. 上天、上帝主宰的宇宙观。《泰誓》三篇是有神论的，认为纷纭复杂的物质现象背后，有更深层的主宰力量。上天、上帝主宰世界。

2. 上天、上帝是公义的，可称为"天义论"。上天、上帝是至上的善的力量，是惩罚罪恶的力量。这个宇宙在道德上并不是中立的，而是有目标的，有取向的，宇宙秩序善恶分明。

3. 上天、上帝面前，人与人是平等的，必须有对等的权利和义务。对爱护自己的人，就爱护他尊重他；对伤害自己的人，就把他当仇敌。这是对等的正义原则。

4. 树德除恶的人生观。人必须尊奉天命，树德除恶。看见罪恶发生在眼前，无动于衷，不敢去根除，在上天、上帝的眼中，与罪恶之人同罪。

第七讲《牧誓》

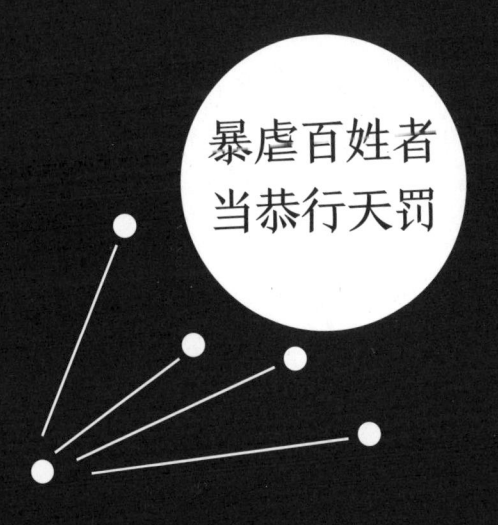

暴虐百姓者
当恭行天罚

> 有了好德性,人生会顺利。有了好技能,人生就发展。

【背景】

周武王的《牧誓》，是周武王牧野之战的誓言。《牧誓》内容可能出自西周早期文献，春秋时期进行过编辑，有一些春秋时期的文字特征。

牧野之战灭除商王朝，建立西周王朝，开启了周王朝近八百年历史。商周牧野之战并非后人编造，是真实发生的历史，有青铜器铭文为证。

1976年3月，陕西省临潼县零口镇西段村村民打井时，发现一处周代遗址。考古队员在这里挖掘出一处深2米、宽70厘米的西周窖藏，其中就有利簋这件西周最早的青铜器。据利簋铭文记载，牧野之战后八天，周武王赏赐右史利。右史利为纪念周武王奖励，制作了利簋。

利簋铭文：武王征商。唯甲子朝，岁，鼎：克。闻。夙有商。辛未，王在阑师，赐有事利金，用作檀公宝尊彝。

铭文译文：周武王征伐商纣王。甲子日晨，岁星当位，贞卜：战胜。第二天早上，占领商。在第八天后的辛未日，武王在阑师，赐给右史利许多铜、锡金属。右史利用其为祖先檀公作此祭器，以纪念先祖檀公。

牧野之战这么大的事件，右史利只记下33个字。中国文字简洁，与书写材料有关。在青铜上铸写铭文，写不了几个字。即便是在竹简和木牍上写字，成本也很高，所以惜字如金。

利簋的铭文记载了牧野之战当时的天象，是岁星当位，指岁星处于周地上空的时候。美国汉学家班大卫（Davide Pankenier）根据利簋"岁星当位"的记录，研究了岁星运行的天文历史资料，再结合其他文献资料，将牧野之战的时间确定在1046年1月20日。

公元前1046年1月初，周武王组织联军约五万人，征伐商纣王。周联军刚出发，狂风大作，雨雪纷纷。步兵行进困难，无法按期在甲子日进入牧野战场。周武王决定要在甲子日岁星（木星）当位时间与商军交战，商军内部盟友叛乱接应，这有占星学上的考虑。古代君主的重大决策，受占星学影响很大。中国古代的天文学，其实就是认为天象决定人事的占星学。战国文献《清华简》中记载，周文王临死前，把太子发，后来的周武王叫到身边听遗嘱。遗嘱的最后，周文王告诉周武王，时间很紧迫，不能贻误战机。周文王是占卜大师，把八卦推演为六十四卦。周文王说的战机，就是岁星运行的时间。周文王去世后，周武王没有举行隆重葬礼，而是马上进入战争动员。按占星学观点，岁星当位，岁在甲子，除旧迎新，有利破国，不利守国。有利于破除旧势力，开创新世界。

古代占星术中，木星地位特殊。古巴比伦、古希腊、古罗马皆视岁星为主神之星，从岁星运行变化中可以观察天意。从古代占星术资料看，中国人对木星情有独钟，以岁星为主宰中国命运之星。犹太人则对土星情有独钟，以土星为命运之星。

按占星结果来看，周武王必须在甲子日开战。但雨雪纷飞，周武王大部队难以按时赶到牧野战场。武王方面一定有人会认为，大军无法在甲子日抵达牧野，应与商军内盟友重约开战时间。周武王不采纳决战改期建议，决定急行军，要求务必在甲子日赶到牧野战场。这样一来，周武王只能扔下步兵大部队，率战车精锐部队前往牧野战场。

周武王率战车部队，准时在甲子日岁星当位的时候抵达牧野战场，周军车兵只有不到四千人。

《史记》上说商纣王发商军七十万应战周武王军队。许多专家研究牧野之战，多数人认为《史记》记载有误，把"十七万"记成了"七十万"。商军准确数据缺少史料，总之商军数倍于周军。

《诗经·大雅·大明》中记载周武王的战前誓言："矢于牧野，维予侯兴。上帝临女，无贰尔心。"可以翻译为："牧野誓言，正是我们兴起时。上帝降临在你们身上，不可有二心！"

周武王临战宣誓完毕，师尚父（姜太公）立刻率车兵敢死队发起进攻。商军内部盟军响应叛乱，相互残杀，商军大败崩溃。商朝终结，周朝建立。

据利簋铭文记载，周武王的军队凌晨取得了决战的胜利，到第二天全部占领商国首都。这中间的时间差，我猜想是大部队后来赶到了，与叛军一起完成全部占领。

牧野之战，从当时的局势来看，周武王的决定非常冒险。他按时在甲子日抵达牧野投入战斗，看来不是要靠他自己少量精锐车兵的力量，而是要靠商军内叛军的力量，所以周武王要舍命取信于商军中的叛军盟友。周武王这种遵循天命、舍命取胜的精神，令人震动。牧野之战是中国人德性闪光的瞬间，有一种超越时间的永恒力量。

【经文】

时甲子昧爽，王朝至于商郊牧野，乃誓。王左杖黄钺，右秉白旄以麾，曰："逖矣，西土之人！"王曰："嗟！我友邦冢君、御事、司徒、司马、司空、亚旅、师氏、千夫长、百夫长，及庸、蜀、羌、髳、微、卢、彭、濮人。称尔戈，比尔干，立尔矛，予其誓。"王曰："古人有言曰：'牝鸡无晨；牝鸡之晨，惟家之索。'今商王受惟妇言是用，昏弃厥肆祀弗答，昏弃厥遗王父母弟不迪，乃惟四方之多罪逋逃，是崇是长，是信是使，是以为大夫卿士。俾暴虐于百姓，以奸宄于商邑。今予发惟恭行天之罚。今日之事，不愆于六步、七步，乃止齐焉。勖哉夫子！不愆于四伐、五伐、六伐、七伐，乃止齐焉。勖哉夫子！尚桓桓如虎、如貔、如熊、如罴，于商郊弗迓克奔，以役西土，勖哉夫子！尔所弗勖，其于尔躬有戮！"

译文

在甲子日黎明时分，周武王率领军队来到商国都城郊外的牧野，举行誓师仪式。武王左手持黄色铜斧，右手拿着系有白牦牛尾巴的旗帜指挥军队。他说："我们远道而来啊，我们这些西方人！"武王说："哦！我们友邦的国君们和执事的大臣们，司徒、司马、司空、亚旅、师氏，千夫长、百夫长们，还有庸、蜀、羌、髳、微、卢、彭、濮等国的人。举起你们的戈，列好你们的盾，竖起你们的长矛，我要发布誓词。"

武王说："古人说：'母鸡不在清晨报晓。若母鸡报晓，说明这家人要被索命。'现在商纣王只听妇人之言，对上帝和祖先祭祀不闻不问，轻蔑废弃同祖兄弟不任用，却对四方而来的罪犯逃犯推崇尊敬，信任任用，以他们为大夫、卿士。这些人残暴百姓，作乱商邑。现在，我姬发实施上天之罚。今日决战，我们进攻阵列前后距离，不得超过六步、七步，保持整齐。夫子们，勇猛向前！在交战中不超过四五回合，六七回合，要停下来整顿阵容。勇猛向前，夫子们！必须威猛果断，如虎如貔、如熊如罴，向前，向商都的郊外，让敌人看看，我们西方人是怎么战斗的。勇猛向前，夫子们！不奋力向前的，你们会被杀掉。"

导读

我们来分析《牧誓》的思想。按正常逻辑，战争动员要得到两种效果：一是通过陈述敌人坏，妖魔化敌人，激起自己人同仇敌忾；二是激励自己人，建立必胜的信心。也就是说，战争动员一般包括两方面的内容：

一方面是敌人如何败坏，如何不义；另一方面是自己的行动如何正义，如何必胜。周武王的《牧誓》，符合这种战争动员结构。

我们先来看看周武王是如何指控商纣王的罪状的。

第一条罪状：听妇人之言。为什么听女人的话，就是坏人呢？听女人的话，不正说明商纣王尊重女性，思想开放吗？《史记·殷本纪》中记载商纣王"爱妲己，妲己之言是从"。商纣王爱苏妲己，听从苏妲己的话。《东周列国志》中更是描写苏妲己是九尾狐狸精，来迷惑商纣王。对周武王来说，这位妇人之言，非常严重，与宗教信仰有关。商纣王是听了女人的话，才不去祭祀上帝和祖先的。周武王并没有提到男女关系上的淫乱问题，而是直接上升到宗教层面指责商纣王。

商王朝时期女性的地位比较高。从考古发现的妇好墓可以看出，商王武丁的妻子妇好，是政治家、将军，还主持祭祀，政治、宗教和军事地位都很高。这样可能会引出一个观点，周人的男权思想高于商人。但这种解释可能不太妥当，因为从行文看，周武王把商纣王听女人话列为第一条罪状，是因为影响到了商纣王的宗教祭祀。

第二条罪状：对上帝和祖先不闻不问。原文用的是"肆祀"。"肆祀"这个概念，主要指上帝祭祀，有时也指祖先祭祀。但从商纣王时期的第五期甲骨文看，商纣王是按规矩进行祖先祭祀的，已经完全不卜问上帝了。商纣王因为听信女人之言，不再祭祀上帝和祖先，这女人之言罪过可不小。

第三条罪状：轻蔑、废弃同祖兄弟不任用。这句话显然是说给商朝公子、贵族们听的。商纣王对自己的兄弟们很残暴，不任用。周人之所以能顺利统治商人，与周人和商人的诸多贵族建立了联盟有关系。我在后面会详细分析这一点。

第四条罪状：信任和任用从四方而来的罪犯、逃犯。指从各国逃往商国，被商纣王任用的人，其中可能包括许多其他国家的叛逆人士。这句话，一方面起到了动员各国的作用，另一方面动员了商人贵族。

第五条罪状：用暴力虐待百姓。百姓，指的不是平民，而是商朝的各部族。这是对商朝各部族的动员。

总结商纣王的这五条罪状，总的来说，内容比较笼统，也比较简单。后人给商纣王罗列的罪状越来越多，越来越具体，比如挖人心、煮人肉、炮烙之刑等。

更重要的是，《牧誓》通篇呈现出的是一种内部人的讲话风格，不是外族人的风格。周武王没有说"我们周人被商纣王侵略了，我们大家都被商纣王侵略了，所以我们要反击"。商纣王听女人的话，不好好祭祀上帝和祖先，不用自己的兄弟，不好好对待自己的商民百姓，这跟周武王有什么关系？

周文王的母亲，是商人贵族；周武王的母亲，也是商人贵族。周武王的母系方面是商人。陕西考古发现，周文王时期，周人祭祀商人的先王，把自己当成商人同族之人。周人与商人有共同信仰，也有血亲关系，内部关系比较紧密。周武王起兵后，商朝的公子微子等贵族和宗教人士太师、少师等马上归顺周武王，与周武王联合对付商纣王。所以，周武王用商人内部人的口气讲话，表明他是代表商人贵族来清理门户的。

周人推翻商朝后，保留了商朝的祖先祭祀，任用商朝原有大臣继续为官，除了对付参与武庚叛乱的少数商人贵族外，还保留了愿意结盟的商人贵族的领地和权利。周武王宣告取代的是商纣王，只对付商纣王一个敌人，他发动战争不是要毁灭商人和商贵族。周武王的这种思想，在《逸周书·商誓》中有清晰的表现。周武王说，商之百姓无罪，我只有一个敌人，有罪的只有一个人，"其维一夫"，就是商纣王。周武王同时陈述周人对商王朝的贡献，颂赞商人的先贤王们是如何伟大，如何善待周人。

周人打败商人后，马上把商军中归顺自己的叛军改编为自己的军队殷八师，驻扎在洛邑一带，以镇守新征服的东方，迅速实现周商共和体。这与周武王把自己当成商人贵族的一部分，当成商人自己人有很大的关系。更重要的是，他们有共同的信仰、文化和亲属关系基础。

那么，周武王是如何论证自己伐商的合法性及必胜的理由的呢？

第一条理由，上天与我们同在。这是宗教合法性。"今予发惟恭行天之罚"，今天我，姬发，恭敬地执行上天的惩罚。虽然我们人少，但上天与我们同在。

第二条理由，按阵法作战，盟军有作战策略，计划周全。周武王率领的是车兵。车兵进攻，主要靠弓箭，每车相互保护。每车相互间的距离控制很重要，显然周人车战经验丰富。

第三条理由，盟军士气高昂，强悍如猛兽，如虎如貔、如熊如罴。

第四条理由，后退者杀。谁后退就杀了谁，有军法保障。

分析了《牧誓》中敌人的罪状和我方必胜的表达，我们会发现，这篇誓言，核心是动员商朝的贵族们、商朝的臣属们起兵反对商纣王。历史也说明，商纣王最大的失败，是内部发生叛乱，败在自己人手上。牧野之战，一战定乾坤，以后再经过周公对反叛商人的镇压，就不再有商人贵族成规模的反抗了。周人对商人的统治比较顺利。经过周人的统治，商周民族完全融合了，这就是中国人的主体来源。

《牧誓》中的语言，建议记住"暴虐于百姓""恭行天之罚"这两句。残暴虐待百姓者，必须对他执行天罚。

【补充：中国古代的灾异论】

接下来，我想补充讲讲中国古代的灾异论。

中国周代思想家们认为，在天人之际，上天和人民之间，天子处于一个特殊的位置。天意，通过民心来表达。天子深明民心，也深通天意，天子立在天意—民心的结合点上。这个结合点，就是德性。

我们学过《尚书·皋陶谟》，它强调身为君主，要有本事"达于上下"，通达上下，上通天，下通民。原文是："达于上下，敬哉有土！"意思是，要通达于上下，要有敬畏之心啊，有土地的君主。

天人之间，只有一个通道，"德性"。天子有德性，敬天爱民，就能顺畅沟通上天，传达天意，赢得民心。

如果天子失德，天人的通道就会被阻碍，阴阳失序，这个时候就会爆发天灾人祸。德不配位，天人之际堵塞，气运混乱，阴阳失调，结果是干旱、饥荒、瘟疫等天灾爆发。因为爆发天灾，人与人矛盾激化，天下大乱，相互杀戮，人祸横行，生灵涂炭，就会触怒上天，天罚降临。

在《尚书》"微子"篇中，商朝的太师这么说："天毒降灾荒殷邦。"上天督察，降下灾难，要使殷朝灭亡。这种观点，思想史上称为"灾异论"。西周有这种思想，春秋战国的墨家、儒家、阴阳家都有关于"灾异论"的讨论，西汉思想家董仲舒有完整的论述。

这种灾异论的思想，并非只是中国独有，一部《圣经》就充满了灾异论。当人们德行败坏，违背上帝律法的时候，上帝会降灾惩罚人类。人类领导人的思想言行，必须符合上帝的旨意，不然就会被惩罚。

最有名的，要数埃及法老压迫以色列人，不服从上帝要求，结果上帝降下十大灾难。十大灾难中，最后一项是瘟疫，是最严重的灾难。法老的儿子，埃及人的长子，也因瘟疫死亡。

灾异论观念对古代中国人影响深远。对朝廷中的君主大臣有影响，对普通百姓也有影响。人人都想安全健康、事业有成，要想实现这些愿望，首先德性要好，其次才是技能。有了好德性，人生会顺利。有了好技能，人生就发展。德才兼备，德为本。这也是老百姓常说的，做事要先做人。做好了人，事就好做了。这种民间智慧，渊源就在天人关系上，就在以德配天的政治神学中。

《尚书·蔡仲之命》记载周公之言如下：

"皇天无亲，惟德是辅。民心无常，惟惠之怀。为善不同，同归于治。为恶不同，同归于乱。"

这句话可以翻译为：皇天不按血亲偏爱谁，只辅助有德之人。民心变化无常，只想实惠利益。行善的方式不同，结果都是大治。为恶的方式不同，结果都是大乱。

这段话表达这样的道理：达于上下，敬天爱民，天下方能大治。

学习《尚书》，不是为了增加旧知识，而是提升德性，明白在上天和人之间，是由德来贯通的。天人之际的能量流动，德是根本的通道。

第八讲《洪范》

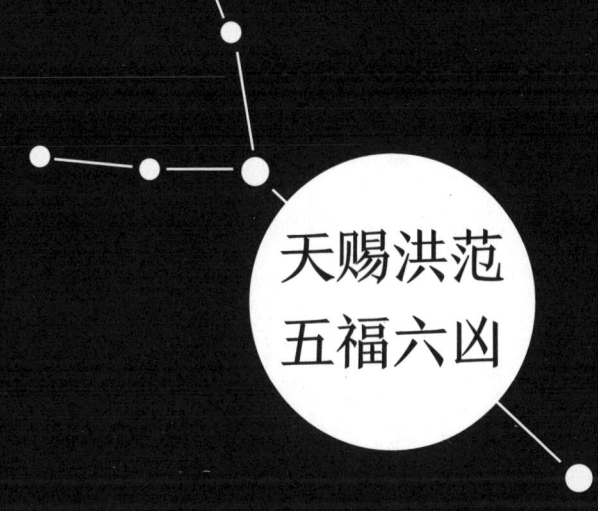

天赐洪范
五福六凶

> 身体上的虚弱，灵魂上的懦弱，
> 都是人生的灾难。

【背景】

《洪范》记载商朝太师箕子给周武王介绍《洪范》的内容,完整的提法是"洪范九畴"。"洪"字的原义指"大",如洪水。在此指宏大、伟大的意思。"范",指范式、法则。"洪范",指"大法"。"畴",指类别、类型。《洪范九畴》,意思是"大法九类"。

《洪范》在先秦文献中被引用过十九次,显然是古老典籍。最怀疑古代文献真实性的疑古学派代表顾颉刚先生也认为,《洪范》出自商代,西周时重新编辑过,属于商周文献。

《圣经》记载以色列人摩西在西奈山上受上帝启示,留下摩西十诫律法。中国记载则是上帝赐《洪范》给大禹,留下了《尚书》中箕子对洪范的介绍。遗憾的是,我们只能看到箕子的转述,没有原典可查。

箕子是商代贤人,是商纣王的叔父,也是商王朝太师,负责祭祀事务。《论语》记载孔子称箕子为仁人。

商纣王时期,箕子苦劝商纣王不听,被商纣王投入监狱。周武王灭商后,把箕子从牢里放了出来。箕子不愿在周为臣,率族人及一些商朝旧臣,远赴朝鲜北部,被周武王封为箕子朝鲜国王。箕子后来朝周,经过商朝故都朝歌,见宫室毁坏荒芜,遍地小麦生长,心怀感伤,唱出《麦秀歌》。朝歌殷民听见,皆痛哭流涕。《麦秀歌》歌词如下:

"麦秀渐渐兮,禾黍油油,彼狡童兮,不与我好兮。"

"彼狡童",即狡诈使坏的孩子,指商纣王。"不与我好",就是"与我不好",不听我的话。

周武王尊重箕子,不以箕子为臣,而以盟国国君的礼仪访问箕子,请教天道问题。箕子给周武王介绍了商朝政治神学下的治国法则,内容就是《洪范》。《洪范》作为传统的统治大法,对后代国家治理哲学有深远影响。

【经文一】

惟十有三祀,王访于箕子。王乃言曰:"呜呼!箕子。惟天阴骘下民,相协厥居,我不知其彝伦攸叙。"箕子乃言曰:"我闻在昔,鲧堙洪水,汨陈其五行。帝乃震怒,不畀洪范九畴,彝伦攸斁。鲧则殛死,禹乃嗣兴。天乃锡禹洪范九畴,彝伦攸叙。"

译文

周文王十三年,武王访问箕子。武王说道:"啊!箕子。上天在暗中加强和安定下面的民众,使他们和睦居住,我不知道上天恒常的法则。"箕子回答说:"我听说从前,鲧堵塞洪水,使五行(天体五星)运动紊乱。上帝震怒,不把《洪范》赐给鲧,治国准则败坏终止。鲧被处死后,禹继承父业复兴。上天赐《洪范》九章给禹,治国法则有序。"

导读

下面我们逐句分析一下。

"惟十有三祀，王访于箕子。"

指周武王十三年，武王访问箕子。从金文看，周人以祭祀来纪年。"十有三祀"，就是第十三次祭祀。

王乃言曰："呜呼！箕子。惟天阴骘下民，相协厥居，我不知其彝伦攸叙。"

"骘"[zhì]，指举起、加强、安定之意。"阴"，指暗中。"相协厥居"，"协"就是合谐，"居"指居住。"彝伦攸叙"中的"彝"指常理法则，"伦"，指条理规矩，"彝伦"就是法则规矩。"叙"指秩序，"攸"是连词，放动词前，指"所"。"彝伦攸叙"，指上天之法则规矩所带来的秩序。

此句说明两点：第一是周武王的神学观，他相信上天暗中护佑民众，要使民众和谐安居；第二是周武王面对上天法则的敬畏与谦逊，他坦诚自己对上天法则的无知。

箕子乃言曰："我闻在昔，鲧堙洪水，汩陈其五行。帝乃震怒，不畀洪范九畴，彝伦攸斁。鲧则殛死，禹乃嗣兴。天乃锡禹洪范九畴，彝伦攸叙。"

箕子回答说："我听说从前，鲧堵塞洪水，使五行（天体五星）运动紊乱。"鲧堙洪水"，"堙"，读[yīn]，意思是堵塞。"鲧"是禹的父亲，因堵塞洪水而失败。"汩陈其五行"，"汩"指扰乱，"五行"，一般解释为水火木金土。也有人认为指天上影响气候的五星运行。古人认为，如果祭司不能做好历法，就会造成天象混乱。"帝乃震怒"，指上帝震怒。"不畀洪范九畴"，然后不把

《洪范》赐给鲧，治国准则败坏终止。"畀"［bì］，意思是给予。"彝伦攸斁"，"彝伦"指法则规矩，"斁"［dù］指败坏。"鲧则殛死，禹乃嗣兴"，意思是鲧被处死后，禹继承父业复兴。"嗣"，指继承。"天乃锡禹洪范九畴"，上天赐《洪范》九章给禹，治国法则有序。天，指上帝。"彝伦攸叙"，"叙"就是秩序。

这一段很有意思，明确说明天下治理的大法《洪范》来自上帝，由上天亲自赐予，这是典型的神法，与《圣经》记载上帝赐予摩西十诫是同种精神结构。法律原则来源于上帝，属于天命法律，天理之法。

在法律的来源上，人类有四种主流思想：第一种是神法，法源于神，《尚书》《圣经》及柏拉图《法律篇》皆是如此；第二种是自然法，自然法思想与神法思想有关联，认为自然法源于神；第三种是社会契约，这是启蒙思想家洛克《政府论》、霍布斯《利维坦》及卢梭在《社会契约论》中概括的原则；第四种是统治阶级的意志，以马克思主义为代表。今天中国学校教的是第四种，即法律是统治阶级的意志，是一种统治工具。《尚书》认为法源于天，法律原则是上天意志及法则的表现。

【经文二】

无偏无陂，遵王之义；无有作好，遵王之道；无有作恶，尊王之路。无偏无党，王道荡荡；无党无偏，王道平平；无反无侧，王道正直。会其有极，归其有极。

曰：皇极之敷言，是彝是训，于帝其训。凡厥庶民，极之敷言，是训是行，以近天子之光。曰：天子作民父母，以为天下王。

译文

不要偏不要斜，遵循为王之道义。不要听从私好，要遵守为王之道。不要作恶，要遵循为王之路。不偏私不结党，王道坦坦荡荡。不结党不偏私，王道公公平平。不违反王道，不偏离法律，王道正正直直。坚守法则，知道治国规则依托的终极法则。说：皇极之言，是最高规则和训诫，是上帝的训诫。所有庶民，上帝准则之言，遵循训诫去行动，接近天子之光芒。说：天子以父母之心待民，才会成为天下之王。

导读

本段强调，治理天下，是有一些不可偏离的终极准则的。这个准则，可称为"治天下如治家，待民众如待子"。要以父母对子女这种天然之爱，作为立国的基础。

我解释一下较难的句子。

"会其有极，归其有极"，"极"，指准则。"会其有极"，意思是做事要有原则。"归其有极"，意思是要知道这原则的依归。人间良好法律的原则，归源于上天益生爱人的天命秩序的终极法则。

"皇极之敷言，是彝是训"，"敷"，读 [fū]，指宣告。"皇"，指伟大。"极"，指准则。"皇极之敷言"，指被上帝宣告出来的伟大的准则。"是彝是训",意思是,这是准则,是训诫。北京天坛的太和殿,俗称金銮殿,在明代曾经被称为"皇极殿"。现在殿上仍有"皇极"两个字。

"于帝其训",指从上帝而来的训诫。

"天子作民父母,以为天下王",指以万民父母之心,去做天下之王。人间最亲爱的、最自然的情感,就是父母对儿女的无私的爱,也是子女对父母的亲密的爱。父母养育儿女,是发乎内心地为儿女利益着想,无怨无悔服务儿女。按这种父母之爱,不可能对儿女镇压打杀。"皇极",上帝最伟大的训诫,就是爱。必须在"爱"字上立国,这就是皇极。听到这里,是不是有点奇怪,有点异样的感觉,这还是中国文化吗?是啊!白纸黑字写在这里。但为什么没有成为社会的主流文化呢?想想看,如果我认为法律不是爱,只是统治工具,还可能去重视《尚书》里面敬天爱人的教导吗?

【经文三】

曰休征:曰肃,时雨若。曰乂,时旸若。曰晢,时燠若;曰谋,时寒若;曰圣,时风若。曰咎征:曰狂,恒雨若;曰僭,恒旸若;曰豫,恒燠若;曰急,恒寒若;曰蒙,恒风若。曰王省惟岁,卿士惟月,师尹惟日。岁月日时无易,百谷用成,乂用明,俊民用章,家用平康。日月岁时既易,百谷用不成,乂用昏不明,俊民用微,家用不宁。

译文

好的征兆如下：君主肃敬，雨水及时；天子善治，天气晴朗；君主明智，气候温暖；君主深谋，寒冷到来；君主圣洁，和风吹来。坏的征兆如下：君主狂妄，雨涝不停；君主虚伪，久旱不雨；君主享乐，酷热不退；君主严酷急躁，持久寒冷；君主昏庸，持久刮风；君王过失，影响一年。卿士过失，影响一月。官员过失，影响一天。如果年月日时序正常，庄稼丰收，政治清明，贤才受重用，则国家太平。如果日月年的时序改变，庄稼难以成熟，政治昏暗不明，贤才不得重用，则国家不得安宁。

导读

现代人来看这段话，可能会想：这种天人感应的思想，不太科学吧？世界是物质的，物质世界按自己的自然规律运行，自然规律不受人主观意志的影响。人的德性，与天地变化怎么会有关系？世界是物质的，是不理会人的，这是唯物论的看法。但是人的思想行为与外部世界的变化之间有关系，这是古人的普遍观念。《尚书》如此，《圣经》如此，印度婆罗门教的系列经典也如此。

英国人类学家弗雷泽在《金枝》一书中专门分析了人类历史上的巫师王的阶段。巫师王阶段的思维认为，巫师君主，与自然现象关联在一起。如果他失德，会引来天象混乱，大地荒凉，发生天灾人祸，人们就会怪罪巫师王，会杀掉这样的失德巫师王，以迎来新的风调雨顺。

商朝消灭夏朝五年以后，天下大旱，商朝开国君主商汤认为是自己失德所至，于是就焚烧自己，献祭上帝以求雨，结果诚心动天，大雨倾盆而下。商汤的行为，就是巫师王天人感应的实践。《道德经》"受国之垢，是谓社稷之主。受国之不祥，是谓天下之王"的句子，指的就是这种巫师王。为什么巫师王要承受国家的苦难呢？为什么要承受国家的不祥呢？因为是他德性不够，才造成天灾人祸，只能以惩罚自己来谢罪。

【经文四】

五福：一曰寿，二曰富，三曰康宁，四曰攸好德，五曰考终命。六极：一曰凶、短、折，二曰疾，三曰忧，四曰贫，五曰恶，六曰弱。

译文

五种福：一是长寿，二是富裕，三是健康安宁，四是好美德，五是长命善终。六种不幸：一是凶祸短命夭折，二是疾病，三是忧虑，四是贫穷，五是邪恶，六是懦弱。

导读

箕子讲《洪范》，前段讲得神神秘秘、玄玄妙妙的，忽然又以非常朴实的内容收尾，直透人性的常识，有一种打动人心的魅力。我们来分析一下"五福""六极"。

先看"五福"。

一曰寿。中国人祝愿人长命百岁，这是作为生物体的人最基本的渴求。如果要满足这样的渴求，首先不能有战争，其次要吃饱穿暖，生病可治，灾祸有救。

二曰富。谁都想富裕，富裕是硬道理。要富裕怎么办？朝廷少收赋税，民众就有余财了。朝廷少干预百姓创业，百姓创造力得以释放，财富就多了。当今社会，低税收，开放公平的市场竞争，法治保护产权，是促进民众富裕的前提。

三曰康宁。康宁，即健康安宁。民众健康，要有健康的生活方式，还要有健全的医疗系统保障。社会安宁，天下太平，必须有井然的社会秩序，有维护社会安全与秩序的强大力量，能克制入侵者，清除杀人、伤人、偷盗的行为。

四曰攸好德。人们爱好、追求美好的德性，有道德自觉和道德荣誉感。这一点对个人健康安宁和社会和谐美好都非常重要。良好的公共道德基础，是社会运行不可缺少的信任资本。

五曰考终命。人皆有死，重在年老善终。不因战争而死，不因贫困而死，不因病症而死，不因凶祸而死，而是一生充实，健康平安，自然善终。

治理天下，就是使天下人拥有"五福"。实现这个目标，是朝廷，也是个人、家庭的自然方向。

"五福"是好事，坏事是"六极"。

一曰凶、短、折。人生遇到凶祸、短命、夭折，这是天下人最怕的事。战争、贫困和社会不安定，会造成凶、短、折。

二曰疾。疾病从何而来？在中国医学史上，对百病的来源有两种主要解释路径。一种是内外自然失调，例如大约在战国后期西汉早期形成的《黄帝内经》记载："夫百病之生也，皆生于风寒暑湿燥火，以之化之变也。"疾病之生，与阴阳失衡，自然风寒湿燥失调有关，这是自然因素的解释。还有一种解释，将疾病尤其是瘟疫这种传染病，视为人失德而受上天惩罚。认为德盛则天佑，天佑则病消，要以敬天爱人去避免疾病。《尚书·金縢》中记载，周武王患重病，周公旦设坛告祭太王、王季和文王，祈求祖灵告天，以自己代武王患病，"以旦代某之身"。周公诚意感动上天，周武王病愈。

三曰忧。许多心理疾病，是长期焦虑忧愁带来的。减少忧虑，降低焦虑，物质与精神的满足是重要条件。物质上不能穷困，精神上不能没有存在的意义和尊严。心有所依，忧虑才有安放之处。

四曰贫。"贫"不仅是物质上的，也有精神上的。物质上的贫表现在外面，一眼就能看到。精神上的贫是内在的，外面一时看不出来，但会深刻影响生命的质量。从物质上看，生命需要摄入，人离不开吃穿住，必须保障自己和家人的基本财富。人生在世，只要有工作能力，就务必要勤奋工作去获得财富的保障。财富不仅是生存保障，在很大程度上还是社会尊严，因为多数人是以财富量来评价人的价值的。从精神上看,《尚书》反复强调的是敬天爱人,认为这是上天对人性的规定。《论语·尧曰》记载孔子之言:"不知命,无以为君子也。"一个不知天命的人,就不能把他叫作君子。所谓知天命,就是要知道上天创生宇宙万物,知道上天控制着自然、历史和人生的进程。人的精神穿越个人、穿越家庭、穿越国家、穿越天地、进到创生和运行这一切的力量中去,正如荒漠中的大树把根系伸到了地下暗河之中,这样人的精神就变得宏大而富有,从心理上超越了现实世界的困扰与麻烦。

五曰恶。对人作恶,是对他人的伤害,也是对行恶者的反伤害。行恶的人,很少得善终,他的后代很少健康繁荣,因为有上天暗中的惩罚。人走上邪恶之路,会导致个人生命伤残,后代生命衰败。

六曰弱。《尚书》认为,身体上的虚弱,灵魂上的懦弱,都是人生的灾难。身体要强健,就要饮食有度,运动锻炼。灵魂要强大同样需要锻炼,要进行生命与天命相联的训练。

作为个人也好,作为企业也好,作为国家也好,以实现"五福"、消除"六凶"为目标,就是皇极,这是上天准则,上帝大法。

第九讲《大诰》

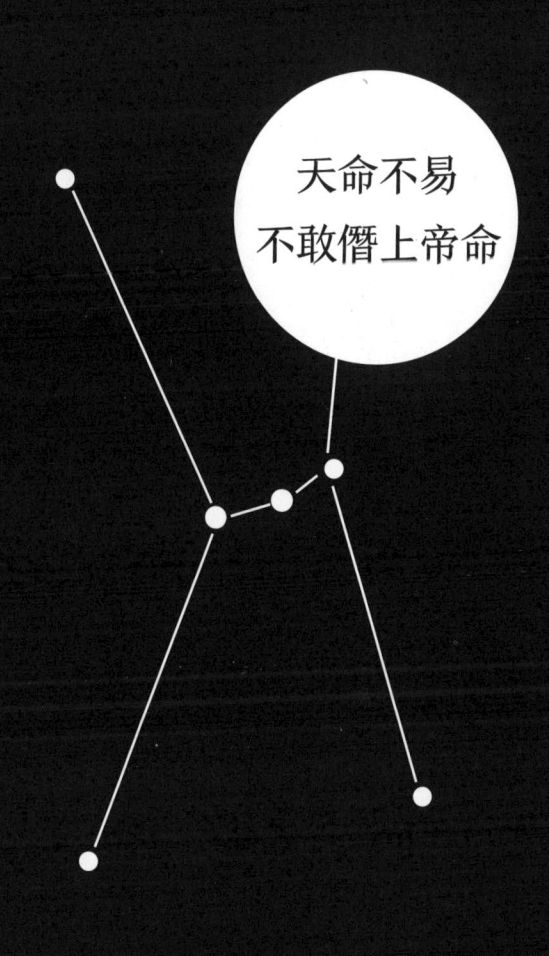

天命不易
不敢僭上帝命

> 国家的权力，意味着沉重的责任，要全力承担起来。

【背景】

《尚书·大诰》是周公东征时的动员讲话，属西周早期文献。

周公是周文王的第四个儿子，周武王四弟。周成王少年继位，周公当了西周王朝七年摄政王。周公是周王朝缔造者之一，是周朝制度和文化的主要开创者。

《史记·周本纪》记载，在周武王登基为王的仪式上，"周公旦把大钺，毕公把小钺，以夹武王"。周公旦拿着大斧，毕公拿着小斧，左右护卫武王。周公是出色的政治家、军事家，也是中国思想史上开创性的思想家。

周朝早期的丰伯鼎、禽簋等青铜器铭文中记载了一些周公事迹，例如周公东征，周公主持祭祀和占卜，周公负责安置殷移民等这些都是西周早期大事。周武王开创西周王朝，周公、召公等人巩固了西周王朝。

《史记·鲁周公世家》中记载，周公对儿子伯禽说："我文王之子，武王之弟，成王之叔父，我于天下亦不贱矣。然我一沐三捉发，一饭三吐哺，起以待士，犹恐失天下之贤人。"

周公是孔夫子的精神力量来源。《论语·述而》记载孔子之言："甚矣吾衰也！久矣吾不复梦见周公。"孔夫子感慨道："我衰老得太厉害了，我很久没有梦见周公了。"孔夫子是老实人，他说经常梦见周公，不会是瞎说。孔子并不认为自己是新文化的创造者，只认为自己是周公之道的继承者。孔子从周公处继承了多少？我认为孔子只是继承了周公敬天爱人重礼的主旨部分，而避开了不少重要内容。例如，周公倡导征服，孔子不倡导。周公重视农业和商业，以亲自从事农商为美德，但孔子认为君子不应亲自从事农商。儒家思想只是周公之道这条大河的一些支流。不仅儒家继承周公，道家、墨家甚至法家思想，也有受周公影响的成分。从周公思想看诸子百家，似乎是同源而分流。

曹操以周公为榜样，他的诗歌《短歌行》这样收尾："山不厌高，海不厌深。周公吐哺，天下归心。"曹操与周公一样，是政治家、军事家，还都是诗人。

周公在中国民间也是家喻户晓。中国各城市的旧书摊上经常会有《周公解梦》这样的书，周公被视为解梦人的鼻祖。为什么会这样？《逸周书·寤儆》记载，周武王做噩梦惊醒，担心伐商计谋泄露。周武王把周公召来，周公解梦说："王其敬命。不骄不吝，时乃无敌。"意思是，只要王敬奉天命，不骄傲、不吝啬，就可无敌。这是鼓励周武王谦下待人，舍得放权让利，联合更多力量，共同灭除商朝。历史记载中，周文王和周公都是能够通过梦境判断天意的人。

在中华文明发展史上，周公具有举足轻重的地位。西周至今三千余年的时间中，中国人创造了两种制度、两种文化：一种是周制和周制文化，即封建贵族的制度与文化，这是周公等人开创的；还有一种制度是公元前221年秦统一中国后形成的秦制和秦制文化。

周朝的制度之下，君主与贵族共治天下，多诸侯国独立自治，这是一种统一的多国体系。周制中国的经济和文化都非常繁荣，我们知道的《尚书》《诗经》《逸周书》《左传》，诸子百家中的儒家、道家、墨家、法家、阴阳家、兵家、农家等，全部产生于周王朝时期。

约公元前1042年，征服商朝以后不到四年，周武王去世。周武王儿子姬诵继位为周成王，当时只有十多岁，周公摄政为王治理国家，马上面临叛乱四起的局面。这场叛乱很奇怪，居然是周公的三位亲兄弟管叔鲜、蔡叔度、霍叔处联合商纣王的儿子武庚一起叛乱，周公治下的西周王朝内外交困，危若累卵。

商人参与反叛容易理解。周公的亲兄弟叛乱，则涉及当时王权的交接制度问题。政治制度的核心之一就是最高领导权力的交接，但当时的西周王朝，王权交接制度尚不确定，造成了这场动荡。

商朝和周朝执行的是"王位世袭制"，但这个"世袭制"的具体内容还没有确定下来，留下了很多权力斗争的空间。王位继承，在王族内部传递。然而，是传给弟弟，是传给其中一个儿子，还是只传给嫡长子？这些都没有成为法定的内容。

周武王去世前曾想传位周公，周公没有接受。周武王最后传位给了长子周成王。如果按照兄终弟及的世袭制，管叔鲜是周公哥哥，应该传给管叔鲜。周武王采取父传子的办法，传给长子周成王，但周成王年少，谁能当摄政王呢？若按兄弟身份，应由管叔鲜当摄政王，但周武王选择了周公当摄政王。这样一来，周公与管叔鲜等兄弟之间就起了矛盾。管叔鲜、蔡叔度、霍叔处反对周公当摄政王，以周公篡夺周成王王位为借口，发动了叛乱。周公当摄政王一事不仅关系到周公和周成王两个人，还涉及周公跟他的几个兄弟之间的关系，以及周公跟其他大贵族之间的关系。

在西周初期，周武王以下有三公，他们是周武王之下权力最大、地位最高的三个人。第一位是太师太公望，俗称姜子牙，他是牧野之战的军事指挥长，西周王朝第一功臣，地位很高。西周建立以后，姜太公的封地在齐国，地区以现在的山东为中心。

另一位是太保召公奭。召公奭权力很大，地位很高。他是周文王的儿子之一，有可能是周文王第一位妻子、商王帝乙女儿所生。召公与周公旦同父异母，在周王朝内的政治地位似乎要高于周公。召公奭与周公旦的分工是，西部周王朝祖地宗周归召公奭管理，华山以东新征服的商朝东方区域由周公旦管理。召公对周公旦摄政怀有疑虑和警惕，他以保护周成王为己任。

太公望的女儿是周武王的妻子，太公望是周成王的外公，也是周成王的保护人。周公旦除了要平衡与自己几个同母兄弟之间的权力之外，还必须处理好与最有权势地位的太公望、召公奭之间的关系。

周公的三位亲兄弟反叛周公，在战略上犯了一个大忌——联合商纣王的儿子武庚。周人刚刚平定商朝，商人数量比周人多，这三个兄弟居然跟商纣王的儿子联合，对周人的多数贵族来说，这是非常危险的叛国行动，使他们陷入了共同的危机。周朝三公太公、召公、周公旦，放下他们之间的分歧和猜疑，携手共同应敌，周公摄政率军东征。

《史记》记载："周公乃奉成王命，兴师东伐。作大诰。遂诛管叔，杀武庚，放蔡叔。"周公奉成王之命兴师东征，做了《大诰》，诛杀了商纣王的儿子武庚，杀了三哥管叔，放逐了五弟蔡叔。

孔子崇敬周公。但西周王朝初期，周公兄弟间的仇杀使后代重视家族孝悌之道的儒生十分难堪。宋朝以前的文献，提到儒家，习惯将周孔并列为周孔之道。宋朝理学兴起，重排儒家圣典，推崇孟子，朱熹将《论语》《孟子》《大学》《中庸》四书推为儒学四典，儒家逐渐被称为孔孟之道。

周朝的制度是封建贵族共和的制度，没有人有独大集权的条件。西周早期，周公、召公、太公望还有其他的贵族是一个联盟体。召公和太公望都支持成王。周公摄政七年后，成王长大，周公还政于周成王。

放到世界上看，周武王、周公活动的时代，与以色列大卫王（约前1040年—约前970年）大体是同一时期。以色列建立的王国，在扫罗、大卫和所罗门王三代王以后就开始分崩离析了。周武王、周公等人建立的周王朝，延续时间约八百年，在人口和土地规模上远大于以色列王国。

接下来，我们来解读《大诰》的内容。

【经文一】

王若曰：猷大诰尔多邦越尔御事，弗吊天降割于我家，不少延。洪惟我幼冲人，嗣无疆大历服。弗造哲，迪民康，矧曰其有能格知天命！

已！予惟小子，若涉渊水，予惟往求朕攸济。敷贲敷，前人受命，兹不忘大功。予不敢于闭。

天降威，用文王遗我大宝龟，绍天明。即命曰：有大艰于西土，西土人亦不静，越兹蠢殷小腆，诞敢纪其叙。天降威，知我国有疵，民不康，曰：予复！反鄙我周邦。今蠢，今翼日，民献有十夫予翼，以于敉宁、武图功。我有大事！休？朕卜并吉。

肆予告我友邦君越尹氏、庶士、御事，曰：予得吉卜，予惟以尔庶邦，于伐殷逋播臣。

译文

王说（王，指周公以周成王的名义讲话）：告诉你们各邦和各官员，上天不容，降灾难于我们家，无丝毫延滞。我幼年即继承此千秋大业，无足够智慧，未能使民安康，更谈不上能知天命。

哎！小子我如涉深渊，唯求安全渡过。我呈上龟卜，前人受命于天之功业，我不敢忘记，不敢终结在自己手上。

上天降下威罚，我用文王留给我的大龟卜问，以明白天命。我求问：我们西方人有难！我们西方人不安定。愚蠢的殷人刚有所复原，就妄想延续商国。上天降灾，他们知道我国有毛病，民众不康宁，就说："我们复国！"反而鄙视我们周国。他们蠢蠢齐动，如飞鸟扑来。但幸好最近有成批殷人贵族奉献辅助我们，共同完成文王、武王的大业。我要举大军了。这事吉祥吗？占卜神意，都吉祥。现在我告诉你们各邦和各官员，我占卜得到的是：吉。我要率领你们各邦，讨伐殷人叛徒。

导读

我选三个重点展开解释一下。

1. "诰"，原义指告诉，以言辞告诉人。往往用于上对下的诰言。"大诰"，就是重要的诰言。

2. "弗吊天降割于我家，不少延"。"吊"，宽恕。"弗吊"，不宽恕。"弗吊天"，指不宽恕的上天。"降割于我家"，把伤害降到我家里。"割"，指切割、伤害。

3. "天降威，知我国有疵，民不康，曰：予复！反鄙我周邦"。他们看到上天降下威罚，知道我国有了缺陷，民众不康宁，就说："我们复国！"反而鄙视我们周国。

周公东征，最难堪的，是周公的三位叛乱的兄弟。这三位兄弟被派往东方，监督防备以商纣王儿子武庚为代表的殷遗民，称为"三监"。但这三兄弟不仅叛乱，还联合了武庚，所以周公必须回应这个问题。周公在《大诰》中，坦然谈到了周人的疑虑。周公说："你们各邦和官员可能会反问我：这事太困难，民众心不静，这都是王室公子家事。出于内部团结,不可能大征伐。""三监之乱",是周王室的家务事,外人不好插手。周公如何回应这种质疑呢?周公的回答是:殷人要复国,周人会遭难,这才是核心问题。所以《大诰》点明的敌人,是叛乱的殷人,认为三监愚蠢的叛乱行为,只会给殷人复国创造机会,这是周人的大灾难。文王开创的事业,必须坚守下来。周公说:"愚蠢的殷人刚有所复原,就妄想延续商国。上天降灾,他们知道我国有毛病,民众不康宁,就说:'我们复国!'转而鄙视我们周人。他们蠢蠢齐动,如飞鸟扑来。"周公没有提"三监",只是用父亲建房、儿子不打地基这个说法来暗示周文王儿子中有不肖子孙。

在形容殷人反叛很危险时,周公也考虑到殷人人数多于周人,也不能因此就造成周人的动摇,所以他强调殷人贵族阶层对周人的配合。周公说得不错。周人灭商朝,重要的战略,是要让殷人与周人共建新国家,采取的是融合政策。因此,对殷人中的归顺者,要给予优厚待遇。例如,对于殷贵族,不剥夺他们的土地,也不禁止他们的祖先祭祀,而且赋税也比商纣王时代轻。更重要的是,周人在祭祀上天的时候,会配以商人的先哲王,请商贵族助祭,完全是一家人的感觉。商朝贵族阶层对周人的征服并没有太大的反抗,原因就是贵族对周人政策的认可。所以周公说:"但幸好最近有成批殷人贵族奉献辅助我们,共同完成文王、武王的大业。"说明商人贵族多数站在周人一边,这让周人对东征产生信心。

【经文二】

尔庶邦君越庶士、御事罔不反曰："艰大，民不静，亦惟在王宫邦君室。越予小子考翼，不可征，王害不违卜？"

肆予冲人永思艰，曰："呜呼！允蠢，鳏寡哀哉！予造天役，遗大投艰于朕身，越予冲人，不卬自恤。义尔邦君越尔多士、尹氏、御事绥予曰：无毖于恤，不可不成乃宁考图功！"

已！予惟小子，不敢僭上帝命。天休于宁王，兴我小邦周，宁王惟卜用，克绥受兹命。今天其相民，矧亦惟卜用。呜呼！天明畏，弼我丕丕基！

王曰："尔惟旧人，尔丕克远省，尔知宁王若勤哉！天閟毖我成功所，予不敢不极卒宁王图事。肆予大化诱我友邦君，天棐忱辞，其考我民，予曷其不于前宁人图功攸终？天亦惟用勤毖我民，若有疾，予曷敢不于前宁人攸受休毕！"

王曰："若昔朕其逝，朕言艰日思。若考作室，既底法，厥子乃弗肯堂，矧肯构？厥父菑，厥子乃弗肯播，矧肯获？厥考翼其肯曰：'予有后弗弃基？'肆予曷敢不越卬敉宁王大命？若兄考，乃有友伐厥子，民养其劝弗救？"

译文

你们各邦和官员可能会反问我："这事太困难，民众心不静，这都是王室公子家事。出于内部团结，不可能大征伐。王能不能别听从卜问呢？"

因此，我对这困难想了许久。我对你们说："他们蠢蠢而动！要让鳏寡孤独者悲哀。是我的行为让上天要抛弃我吗？把如此大难降我身上。如果我不深忧此事，你们各邦各官长就应劝我：我们不能不用心拯救危局！不能不成就文王留下的功业！"

小子我不敢僭越上帝的命令。上天护佑文王，支持我小邦建立周国。文王按卜问去做，实现所受之天命。今天上天仍帮助民众，天意已通过卜问显示。啊！上天光明之威，助我巩固基业。

王说："你们多是文王旧臣，从来以文王为榜样检省自己。你们清楚文王是如何勤劳！上天已密示我必成功，我不敢不实现文王宏业。各位友邦君主，上天之言没有不诚信的，考验我们的时候到了，我岂能不将文王之功予以完成。上天要我们以勤劳来保护民众，如同人生病，我继承前人大业，岂敢不去清除？"

王说："正如我说过的，我每日艰难思考。若父亲建房，有了计划，但儿子如果连打地基的事都不会做，怎能去搭屋梁呢？这位父亲会说'我有后代，不会败坏基业'吗？又如父亲种地翻土，他儿子不会播种，更不会收获，这位父亲能说"我有好后代，不会败坏基业"吗？我不敢不去全力完成文王承受的天命。我兄刚死，就有人来讨伐他儿子，难道我们大家袖手旁观，不加救援？"

导读

"予惟小子，不敢僭上帝命。""僭"，指僭越身份，冒用上者名义行事。周公强调，在上帝面前，自己只是小子，不懂事的孩子，只能听从上帝旨命。征伐"三监"和武庚的叛乱是上帝之命，并非自己冒用上帝之名。

周公以坚守周文王的大业进行动员。对周文王的信从，是当时周贵族的普遍心理。周文王子孙众多，其中势力很大的召公，于周公是同父异母的哥哥。用周文王来动员，最能广泛地团结周人贵族阶层。周公也以周武王来动员人，他说："我兄刚死，就有人来讨伐他儿子，难道我们大家袖手旁观，不加救援？"这正好是回应"三监"对周公的指责，说周公对周成王造成了威胁。其实周公威胁不了周成王。周朝最重要的两位人物，召公和姜太公，都支持周成王。如果威胁到周成王，周公就失去了所有合法性。

简单来说，周公动员的核心有两条：一是不能把周文王开创的江山交到叛逆的殷人和自己愚蠢的兄弟手中。战争是残酷的，没有妥协的余地，大家放心去作战，不要因为有周公兄弟在叛军中，就不敢彻底消灭叛贼；二是必须顺从天命，天命已经卜卦显现东征大吉，不要怀疑，一定能取胜。

【经文三】

王曰："呜呼！肆哉尔庶邦君越尔御事。爽邦由哲，亦惟十人迪知上帝命越天棐忱，尔时罔敢易法，矧今天降戾于周邦？惟大艰人诞邻胥伐于厥室，尔亦不知天命不易？

"予永念曰：天惟丧殷，若穑夫，予曷敢不终朕亩？天亦惟休于前宁人，予曷其极卜？敢弗于从率宁人有指疆土？矧今卜并吉？肆朕诞以尔东征。天命不僭，卜陈惟若兹。"

译文

王说："啊！众邦国君主、官员，国家兴旺，依赖贤人。过去许多人知道上帝天命，知道上天之言诚信，不敢丝毫改变。今天上天降罪人于我们周国，罪人们前来讨伐我们周国，难道我不知道天命得来不易（指不会交给罪人）？

"我想了很久：上天要殷国灭亡，我若是收获的农夫，岂不把田地收完？从前上天降天命于文王，我是多么快地抓紧卜问，以求坚守住文王留下的疆土。今天卜问大吉！我要率领你们东征了！天命不可僭越违逆，卜卦已陈明得清清楚楚。"

导读

1. "天命不易"，意思是保有天命，保有国家，不容易，不得不努力。天命降临周人，但天命并不轻松，得有坚强的肩膀才能担得起。国家的权力，意味着沉重的责任，天命不易，要全力承担起来。

2. "天惟丧殷，若穑夫，予曷敢不终朕亩？"上天要灭殷国，如同收获的农夫，我岂敢不把田地收割完毕。

周公这句话是话中有话。周武王灭商，为了建立反对商纣王的商贵族们和商人的统一战线，是以商王朝内部人清理门户的名义展开的，灭商以后并没有对商王族及心怀不满者赶尽杀绝，而是把商纣王儿子武庚封在商朝故旧殷（今安阳一带），延续商王族祭祀，治理原殷人，殷人大喜，这是很彻底的怀柔安抚政策。但武庚仍有复国之梦，趁"三监之乱"的机会，起兵配合三监叛乱。对周公来说，周武王当年对武庚和殷贵族采取怀柔政策，相当于没有彻底征服殷人，如同没有收割完庄稼。现在武庚起兵叛乱，虽然非常危险，但也给了周人彻底征服殷人、收割完庄稼的机会。周公说，这是上天要灭除殷政权残余，我岂敢不进行到底？

3. 周公借助占卜卜卦。他反复强调天命在卜辞中的表现，认为东征必胜。显然，周公得到了周朝巫师阶层的支持。《尚书·金縢》记载了周公占卜的事。周公不仅是政治家，也从事当时的神职事务。周公反复提及卜问神明的事，强调东征的事业有神的支持。周公能得到广泛支持，也与他以太傅身份掌管神职祭祀阶层有关。

1977年，在陕西省岐山县凤雏村发现西周建筑周原遗址，出土甲骨一万余片，其中二百多片龟腹甲刻有文字，年代从周文王时期到西周中期。从周文王时期的甲骨来看，周人在宗教上与商人接近，祭祀与商王室母系有关的商先王。但其也有自己的特点，例如有祭天记录，这是与商朝不同的。从西周文献《逸周书·世俘》看，周灭商后，在宗教上把商人祭祀的最高神"上帝"和周人祭祀的最高神"天"合一了，称为"天宗上帝"。1976年发现的西周中期青铜器"史墙盘"铭文说明，商纣王长兄微子背叛商纣王归顺周武王后，微氏家族一支世代在周王室为史官，自然进一步促进了商周宗教的深度融合。周公在周王朝的官职是太傅，太傅为太子之师，同时也掌管礼法，宗教祭祀阶层悉数归周公领导。周公讲话，以上帝的名义发言，与他的礼教职位有关。

4. 从政治神学来看，周公思想充满了天命论，认为周朝得天下，是上帝旨意，天命使然。现在遇到叛乱，上帝降灾，这是一种挑战和测试，必须挺过这场测试。这并非只是政治操作的神道设教，周公本人是信仰上天信奉天命的。战国文献清华简《耆夜》篇，记载周武王八年征伐耆国得胜回到周都，庆典夜饮。周公赋诗："明明上帝，临下之光。"随着我们学习周公其他的篇章，我们更明白，周公是一位有强烈信仰的人，他信仰上帝，遵奉天命，有大局观，有坚强的意志。

成王年幼，周公摄政，遇上如此复杂艰难的政治挑战，周公不仅要平定叛乱，还要开创一个新的世界，这是双重的挑战。周公成功迎接了挑战，双重任务都完成得很好，他平定"三监之乱"，消灭了武庚殷人叛乱力量，把商朝旧地纳入周人直接管治，将殷贵族阶层连根拔起，全部强行迁移到宗周及洛邑等地安家，同时组织殷人俘虏修建了洛邑新都。平定殷地后，再次大规模分封诸侯镇守四方，完善宗法制度以规范周王室与贵族间的关系，开创了周朝礼乐文明。周公克服了巨大的危机，并将危机转化为清除殷人叛乱力量和建立新国家的机会。这是一场巨大的历史挑战，如果没有坚定的信仰、坚强的性格和深沉的智慧将很难做到，但周公做到了。中华民族历史上，开创了两个制度两个文化传统，周制和周文化，秦制和秦文化。周制和周文化，主要是周公开创的。

5. 孔子从周。虽然孔子说"吾从周"，我遵从周朝制度和文化，也常常梦见周公，但很明显，孔子和周公有不少差异。首先，周公是贵族征服者，是国家缔造者，极富有征服精神和制度创造精神。孔子是平民书生，他崇拜周公，但并没有周公身上这种征服世界和缔造新国家新制度的心态。周公是征服心，孔子是上进心，两者性质不同。其次，周公信上帝，信天命，严格按天命办事。孔子也信上天，信天命，但似乎弱化了不少。周公的宗教信仰，比孔子强烈。这些都是差异。周公之道与孔子之道，有同源而流变的特征。在以后的课程中，我们还会有更多总结。

第十讲《康诰》

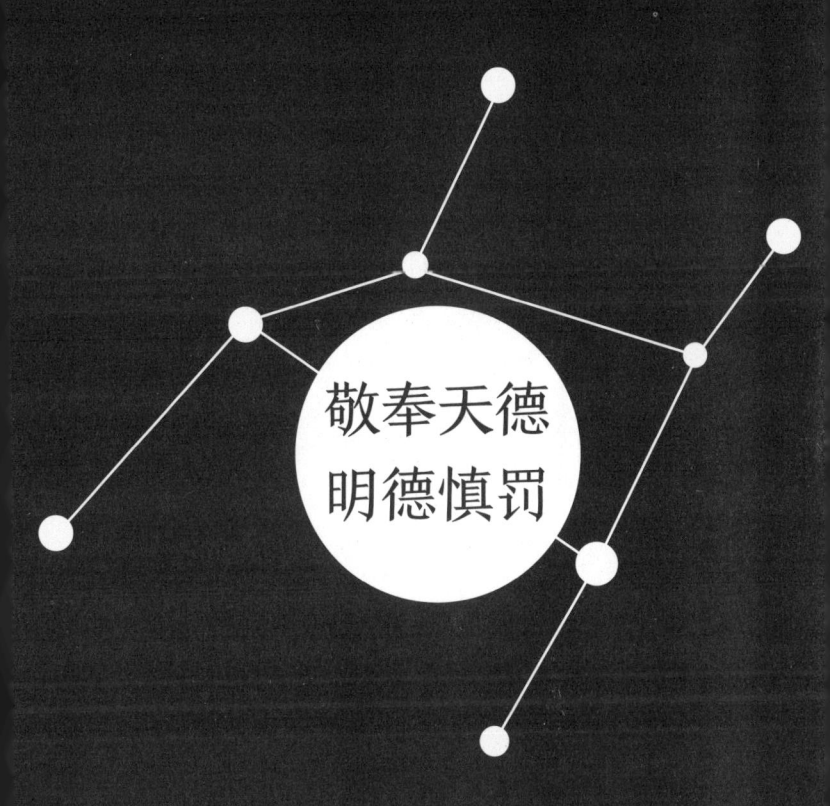

敬奉天德
明德慎罚

| 要严明法律，但谨慎惩罚。

【背景】

《尚书·康诰》是周公对九弟封的告诫。周公分封自己的九弟封为卫国国君,史上称为卫康叔。在九弟封赴国之前,周公反复告诫他如何治理卫国。时间大约在公元前1045年前后。

在周王朝版图中,卫国具有战略地位。卫国都城,就在原来商朝的首都朝歌。周武王灭商后,将商纣王儿子武庚封在朝歌,延续商王室祭祀,统治商朝故都商民,这是怀柔宽大政策。武庚参与"三监叛乱"被镇压以后,周公将朝歌一带参加叛乱的商人贵族家族强行移民去修建洛邑新都,同时安排平叛有功的九弟封以朝歌为中心建立卫国,联合商人贵族中归顺者,直接统治商人故都。九弟封在商故都建立卫国,这是最具标志性、征服性的占领。卫国是周王朝控制殷遗民腹地、稳定新江山的战略重镇。

《尚书》中有三篇重要文献,记载的都是周公对封的告诫。《尚书·康诰》是周公册封九弟封为卫国国君时的诰言。学术界普遍认为《尚书·康诰》是西周初期文献。《尚书·康诰》在先秦时就很有影响,先秦文献中引用《尚书·康诰》有三十次之多。

卫国的地域,大概以现在河南省鹤壁市淇县为中心,在河南北部和河北南部一带,是商朝中心区域。周公把商朝首都封给九弟卫封,卫封不辱使命,执行周公教导,完成了周公的战略任务,统治卫国非常顺利。卫康叔立国后，卫国延续了907年，前后传了41位君主，是周王朝系统中延续时间最长的诸侯国。

孔夫子周游列国十四年，有十年在卫国度过，由卫国国君供养。战国时期，卫国人才辈出。有名的法家人物李悝、商鞅、吴起等，都出自卫国。把秦国政权当风险投资经营的商人吕不韦，也是卫国人。

周公的《康诰》，系统表达了周公的治国思想，尤其是周公的法哲学。我们从中可以看出，相比于周公之道的天命敬畏和礼刑并重，孔子之道只是从周公之道的大河中流出的支流。本讲原文很长，我们分段分析。

【经文一】

王若曰："孟侯，朕其弟，小子封。惟乃丕显考文王，克明德慎罚，不敢侮鳏寡。庸庸，祗祗，威威，显民，用肇造我区夏，越我一、二邦，以修我西土，惟时怙冒闻于上帝。帝休，天乃大命文王，殪戎殷，诞受厥命越厥邦民。惟时叙，乃寡兄勖。肆汝小子封在兹东土。"

译文

王说（指周公）："孟侯，我的弟弟封呀。你伟大的父亲文王，能明德慎罚，不敢欺侮鳏寡之人。他平易近人，尊重他人，敬畏神明，使民众得以显荣，缔造我华夏，还跨越邦国，使西土得以治理。他声名上扬，听闻于上帝。上帝赐福文王，上天大命文王，消灭穷兵黩武的殷国，接受了殷国原有天命、邦国和民众。你大哥武王建立秩序，你才能被赐封东方的土地。"

导读

周公和封是同父母的亲兄弟。周公是老四，封是老九。周文王是他们共同的父亲，周武王是他们共同的兄长。这段话，周公要求封以周文王、周武王为榜样，守护好周文王、周武王开创的事业。核心内容是，周文王敬奉上天，尊重爱护百姓，从而得到上帝喜欢，将天命降临于他，消灭商朝，建立周朝。在上帝与周文王之间，有天命连接。周文王能得到上帝喜欢，是因为周文王"明德慎罚，不敢侮鳏寡"。"明德"，指显明自己的德性，行德政惠民。"慎罚"，指对惩罚之事很慎重，这是爱人的表现。"不敢侮鳏寡"，指不敢欺辱鳏寡孤独之人。也就是说，"明德慎罚，不敢侮鳏寡"是取悦上帝，得到天命的通道，天选明德之人。《礼记·大学》中说："大学之道，在明明德，在止于至善。"明明德，是天选的条件，是上帝拣选赋予国家使命的前提，这是周公思想，也是后来孔子儒家的核心思想。

学习中国传统经典，不仅要理解思想，也要记住一些精彩的表达方式，这有助于提升我们的文字能力。

这一段的关键词句是：明德慎罚，不敢侮鳏寡。

【经文二】

王曰："呜呼！封，汝念哉！今民将在！祗遹乃文考，绍闻衣德言。往敷求于殷先哲王用保乂民，汝丕远惟商耇成人宅心知训。别求闻由古先哲王用康保民。弘于天若德，裕乃身不废在王命！"

译文

王说："啊！封弟啊，你好好想想，百姓的悲伤。你要敬从父亲文王榜样，还要遵循殷人德性之言，要寻求和运用殷人先哲王的传统来保护和治理民众。殷人德高望重的老人们离你不远，你要把他们放在心里，去听从他们的教训。还要去寻求了解古代先哲王们的治国准则，用以使民众安宁富裕，好好保护民众。要弘扬上天之德，行德政，这样你才不会废弃王命。"

导读

这段话很重要。周公要求卫封治理卫国，治理殷人，要坚持三个原则。

第一个原则：要尊重殷人传统法律和风俗，用殷人的传统来治理殷人，不能搞移风易俗。

第二个原则：要用殷人中德高望重的人来治理殷人。这意味着要重用殷贵族中的归顺者，保护他们的传统权利。

第三个原则：要以殷民的富裕和安宁作为执政的方向。

周公向九弟强调，这些执政原则依托在一个更高的终极原则上，那就是天德，上天之德，好生之德。上天创生万物，关爱生命的大德。周公要求卫封以上天代理人的身份，以弘扬天德为准则去治理殷地殷人。

这段话凸显了周公之道的核心，即人与人的关系要在天与人的关系中来看待，"明德慎罚"这样的人际关系，是对上天之德的弘扬。

【经文三】

王曰："呜呼！小子封，恫瘝乃身，敬哉！天畏棐忱，民情大可见，小人难保。往尽乃心，无康好逸豫，乃其乂民。我闻曰：'怨不在大，亦不在小；惠不惠，懋不懋。'已！汝惟小子，乃服惟弘王应保殷民，亦惟助王宅天命，作新民。"

译文

王说："啊！封弟，民众的病痛，会应在你身上，一定要敬畏上天！上天之威，并非不变。天意可从民情看到，小民很难安抚。你去到后，一定要尽心，切勿安逸享乐，方可治理好民众。我听说：'民众的怨恨，未必在大事，也未必在小事。只看朝廷是否施惠于民，只看朝廷是否勤政为民。'你虽年轻，却承担宏大责任。王应保护殷民，你要助王落实天命，让殷人成为我们新周国的新人。"

导读

这段话，开篇就比较深奥。"民众的病痛，会应在你身上，一定要敬畏上天"。身为君主，民众的苦难，最终要由君主来承担，会应在君主身上，君民同命运。上天的威罚，不会固定不变，百姓苦，天必罚君主。百姓不苦，天必助君主。

民众如何看待君主朝廷？怨不怨朝廷，只看朝廷是否勤政为民，是否真给人民带来实惠。不仅要有为人民服务的目标，还得有实惠的结果。

最后，要联合殷人，忘掉过去战争的苦难与屈辱，共同成为新时代的新人，共建美好的新国家。"五四"时期倡导"新民说"，根源在此。

本段有两个句子很重要，一句是"怨不在大，亦不在小；惠不惠，懋不懋"，另一句是"宅天命，作新民"。

【经文四】

王曰："呜呼！封，敬明乃罚。人有小罪，非眚，乃惟终自作不典；式尔，有厥罪小，乃不可不杀。乃有大罪，非终，乃惟眚灾：适尔，既道极厥辜，时乃不可杀。"

译文

王说："啊！封弟，严明法律，谨慎惩罚。若人有小罪，不反省减少罪过，一意坏到底，执意违法，经常犯罪，即便罪小，也不可不杀。若人虽曾犯下大罪，但不坏到底，能悔过自新，且非有意犯罪，偶然犯罪，且已依法对其责罚过，这种人就不可杀。"

导读

本段强调，要严明法律，但谨慎惩罚。要依法判刑，不能滥杀无辜。同时，这段话也表露出一种高度重视犯罪动机的司法思想。这是有一个需要我们重视的问题，就是原心定罪，同罪不同罚的问题。所谓原心定罪，就是将犯罪前后的动机作为确定罪过轻重的重要因素。周人认为，有人虽然罪小，但无悔过之心，必须杀。有人虽然罪大，但悔过自新，可不杀。犯罪行为与犯罪动机，是犯罪构成的两个要件。周公的司法思想是政治性的，他主要考虑殷人对周政权的顺服问题，所以他特别重视将犯罪嫌疑人的动机作为重要的量刑因素。我们知道，以犯罪事实为基础量刑，有客观标准。以动机作为重要量刑因素，这就容易使量刑主观化。周公原心定罪的司法观，塑造了中国司法的原心定罪的司法传统，给予了审判官过大的对动机的自由裁量权。

在世界各国法系中，大陆法系如德国法和日本法，也比较重视量刑中的动机因素，但英美海洋法系倾向以行为事实为量刑核心依据，原则上尽量不把动机当成量刑因素，这是为了将量刑基于客观标准上，限制审判官的自由裁量权。海洋法系这种以行为事实为审判标准的司法传统，基于可识别的客观标准之上，突显了对犯罪行为人的权利保护。

本段关键句是"敬明乃罚"。"敬"就是敬重敬畏，

"明"就是光明正大,对刑罚要敬重小心,光明正大。

【经文五】

王曰:"呜呼!封,有叙时,乃大明服,惟民其敕懋和。若有疾,惟民其毕弃咎。若保赤子,惟民其康乂。非汝封刑人杀人,无或刑人杀人。非汝封又曰劓刵人,无或劓刵人。"

译文

王说:"啊!封弟,治理有序,光明正大,民众服从,治理和顺。如同生病时,人民就以祭祀攘除病症一样,去掉你的过失。以保赤子之心保民,民众安宁富裕。不是你封判死刑,无人可杀人。不是你封判割鼻的劓刑或割耳的刵刑,无人可对人动劓刑刵刑。"

导读

这一段强调,对待殷人,要"若保赤子",即要像保护婴儿一样保护殷人。所以,重刑、死刑、割鼻、割耳这样的刑罚要由君主亲自掌握,明德慎罚,不能交给下面的官吏,以免造成过多伤害。当然,这也是出于维护权力的考虑。刑杀,是最重要的权力。统治一个新征服的国家,不能将刑杀权轻易放给别人。

这段话的关键句是"若保赤子"。

【经文六】

王曰:"外事,汝陈时臬司师,兹殷罚有伦。"又曰："要囚，服念五、六日至于旬时，丕蔽要囚。"王曰："汝陈时臬事罚。蔽殷彝，用其义刑义杀，勿庸以次汝封。乃汝尽逊曰时叙，惟曰未有逊事。已！汝惟小子，未其有若汝封之心。朕心朕德，惟乃知。凡民自得罪，寇攘奸宄，杀越人于货，不畏死，罔弗憝。"

译文

王说："外面针对殷人的法庭，你要安排好法官，要遵守殷人的传统刑罚，就会有秩序。对于囚禁的犯人，要仔细审理五六天，甚至十来天，直到发现真相，才能量刑。"王说："你要布置司法刑罚人员，遵照殷人传统法典来量刑、判死刑，切不可按自己的意志。你顺从殷法，就易治理，就不会说诸事不顺。你虽年轻，但没人有你这样的心思。我的心思，我的信念，你能明白。凡自己犯罪的人，抢劫、偷盗、奸诈、作乱，杀人越货，强霸不怕死，无人不恨他们。"

导读

治理殷人，要用殷人的法律传统，不能用周人的法律，不要另搞一套。同时强调，判刑要慎之又慎。这真是大智慧！顺其自然，利用殷朝的传统法律资源，运用原有社会资本，能省去很多不必要的麻烦。同时，我们也能看出来，周公了解殷人的法律，并且敬重殷人的法律，这也非常有助于达成商人和周人的心理认同。

【经文七】

王曰:"封,元恶大憝,矧惟不孝不友。子弗祗服厥父事,大伤厥考心;于父不能字厥子,乃疾厥子。于弟弗念天显,乃弗克恭厥兄;兄亦不念鞠子哀,大不友于弟。惟吊兹,不于我政人得罪,天惟与我民彝大泯乱,曰:乃其速由文王作罚,刑兹无赦。"

译文

王说:"封弟,犯罪主犯令人痛恨,但尚不及不孝、不友危害大。孩子不尊敬和服事父亲事业,大伤父亲的心。做父亲的不能善待孩子,反而仇恨孩子。做弟弟的不念上天所显伦常,对兄长不尊重。做哥哥的不念弟弟需要教养,对弟弟不友好。这种不宽恕不慈爱,如果不由我们政治人来治罪,上天所定之伦理就会大混乱,所以说:速按文王制定的刑法量刑定罪,无所赦免。"

导读

周公要求弟弟封对殷人用殷人之法,对周人用文王之法。文王之法有什么特征?就是孝、友。注意,"孝",不仅指下对上,子对父,也指父对子。"孝"指的是父子团结的关系,儿子必须尊重父亲,父亲也必须爱儿子。"友",讲的是兄弟关系友好。弟弟必须尊重哥哥,哥哥也必须友爱弟弟。这本是一组双向关系,后来变成单向关系,变成孩子向父亲承担义务,弟弟对哥哥承担义务了。

周公为什么如此重视父子团结和兄弟团结，要求谁破坏父子兄弟团结友好的关系，就向谁动大刑？血亲本是人间信任和凝聚力的自然基础，周公制礼是以血亲情感为基础建构，形成了以各家族宗法制为中心的周朝封建制度。周公非常重视家族血亲关系的维护，这可能与周公经历过兄弟相残的痛苦有关。我们还可以理解为这也是出于周人征服族群的内部凝聚力的需要。周人以少数人征服商人多数人，自己内部的团结和凝聚力可谓生死攸关。所以周公强调父子兄弟的团结高于一切，不容任何破坏。破坏内部团结，决不赦免。

同样，周公把孝和友这种父子兄弟之爱上升到天法的层面。孝和友的人际准则源于上天之法，这仍然是天人合一的思想。后来儒家强调的家庭中的孝悌，渐渐失去天命背景，就与周公时代的味道不同了。

【经文八】

不率大戛，矧惟外庶子、训人惟厥正人越小臣、诸节。乃别播敷，造民大誉，弗念弗庸，瘰厥君，时乃引恶，惟朕憝。已！汝乃其速由兹义率杀。

译文

凡不从王法，这些教化官、各部官员及小吏们，他们擅自发布规定，一味博取民誉，不想是否可行，伤害君王，助长罪恶，这是我痛恨的。你需迅速依据刑法处死。

导读

官吏不能为了博取民众称誉而出台政策，对违反王法的官吏，罪杀不赦。这段话，估计对应了两个历史背景。

一是周人建国以后，为促进商人和周人的融合，也为利用商朝官吏原有的人力资本，任用了许多商朝原官吏在周朝为官。这些人在心理上仍然有商人情感，他们执政，自然而然容易偏向商人。周公这段惩治官吏的话，很大程度上是针对这些殷人官吏说的。

二是针对周人中一些糊涂的贵族和官吏。他们以征服者身份欺辱殷人，这种情况在当时多有发生，周公认为必须惩罚他们。

周公时代，刚平定殷人叛乱，必须考虑维稳的问题，而维稳的第一步就是从对贵族和官吏的管制入手。

【经文九】

王曰："封，爽惟民迪吉康，我时其惟殷先哲王德，用康乂民作求。矧今民罔迪，不适，不迪，则罔政在厥邦。"

译文

王说："封弟！要民众守法吉利安宁富裕，我们就要遵从殷人先哲王的德性准则，以民众安宁富裕有序为追求目标。如果民众不顺从不守法,我们如何在此执政?"

导读

周公继续强调两个原则:一是要以殷人的先哲王为榜样,弘扬他们的德性;二是要以富裕安宁来稳定殷人。在周人治理下,殷人的祖先和传统受到尊重,殷人内心有平等的尊严感,而且生活富裕安宁,没有理由不接受周人的统治,这样一来,殷人的敌意就被化解了。周人能迅速同化比自己人数多得多的殷人,与周公的这种思考密切相关。能这样想,实属不易,再真诚去做,更不简单。周公不仅这样想,而且一直这样做,将商人和周人彻底融合在一起。孔子是商人,但他已完全融合进了周文化之中。

【经文十】

王曰:"封,予惟不可不监,告汝德之说于罚之行。今惟民不静,未戾厥心,迪屡未同,爽惟天其罚殛我,我其不怨。惟厥罪无在大,亦无在多,矧曰其尚显闻于天。"

王曰:"呜呼!封,敬哉!无作怨,勿用非谋非彝蔽时忱。丕则敏德,用康乃心,顾乃德,远乃猷,裕乃以;民宁,不汝瑕殄。惟命不于常,汝念哉!无我殄享,明乃服命,高乃听,用康乂民。"

王曰:"呜呼!肆汝小子封。惟命不于常,汝念哉!

无我殄享，明乃服命，高乃听，用康乂民。"

译文

王说："封弟，不可不以史为监。我告诉你德性的倡导和刑罚的实用。今天民众仍然不安静，心尚未安定，屡次发生不配合我们的事。如果这是上天对我的责罚，我毫无怨言。人所犯罪，不在大，不在多，都会被上天知道。"

王说："啊！保有敬畏啊！封弟。不要制造出怨恨，不要因不深思熟虑、不遵从法典的行为，破坏了民众对你的信任。要想做大，就得有敏捷的德性。能使民众富裕安宁，就得人心。关爱民众，民众就感恩。想得远，就有计划。民众富裕，就有安宁。民众安宁，就不会怪罪你杀戮你。"

王说："啊！封弟你这小子。天命不会固定不变，好好想想。不要自绝于宗庙祭祀。光明正大，民众才服从你的命令。思想高远，民众才听从你。以富裕安宁治民，才能治理好民众。"

导读

前面讲如何治人，这段讲的是如何治己。这段话很精彩，建议大家熟读："不要制造出怨恨，不要因不深思熟虑、不遵从法典的行为，破坏了民众对你的信任。要想做大，就得有敏捷的德性。能使民众富裕安宁，就得人心。关爱民众，民众就感恩。想得远，就有计划。民众富裕，就有安宁。民众安宁，就不会怪罪你杀戮你。"

【经文十一】

王若曰："往哉！封，勿替敬典，听朕告，汝乃以殷民世享。"

译文

王说："你去吧！封弟。不要替换，要敬奉殷人原有法典。听我的告诫，你家可以世代拥有殷人。"

导读

周公最后仍然强调采用殷人旧有的法典，在执法上比殷人原有法官们要更好。这是稳定殷人的战略思考，眼光非常宏大深远。一般的征服者对被征服者，很难再尊重被征服者的祖先、法律和文化传统，但周人超越了过去的做法，把融合商人当成长期国策去执行。对被征服者进行融合性治理，这在人类历史上是罕见而珍贵的。

第十一讲《酒诰》

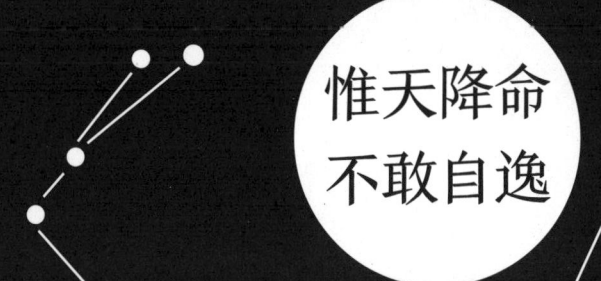

惟天降命
不敢自逸

以水为镜,是为了洗净自己的脸。以人为镜,是为了洗净自己的德性、灵魂。

【背景】

《尚书·酒诰》是西周早期文献，内容是周公关于禁止酗酒的诰令。

商代晚期，商王朝商纣王君臣沉湎于酒色。《尚书》中多有记载，周人认为商纣王酗酒败德，毁灭国家，因此以酒为戒，禁止酗酒。《尚书·微子》记载，微子去找负责宗教的父师、少师请教出路，就提到"我用沈酗于酒，用乱败厥德于下"，直指商纣王沉湎酗酒，德性败坏。周代青铜器铭文也记载了商纣王君臣酗酒的事。西周初年的大盂鼎，记载商纣王君臣"率肆于西（酒），古（故）丧师"，他们全都酗酒，所以军队覆灭。西周晚年的毛公鼎，仍然在强调"毋敢湛于酒"，不敢深陷酗酒，禁酒是西周一直坚持的政令。

周人禁止酗酒的传统，从周文王开始，再经周公《酒诰》苦口婆心地强调，变成了周人稳固的传统。

人是一个能量体，人生是一个短暂的能量流动过程。如果能量分散，无法聚能，意味着难以集中在某个方面突破。有成就的人，往往是将能量长期聚焦到某个点上的人。这样的人具有清晰的目标导向和高强度的自我能量掌控能力。一个贪图享乐、自我放纵的人，不可能聚集能量，也很难在事业上取得突破。把这种观点放到文化族群上，我们会发现一个现象：人类先导性文化族群的兴起，背后一定有一个使生命能量聚焦的文化精神运动，有一个德性上的高目标和生活中的自律相结合的精神运动。

比较典型的是十六世纪欧美新教徒的兴起。新教徒文化特别强调信仰上帝的虔诚，德性上的简朴、勤奋、自律，原则上禁止喝酒精饮料。正是这些新教徒创立了现代社会，改变了世界。在今天美国哈佛大学所在的波士顿地区，仍保留着这种浓厚的新教徒风气。富人生活简朴，十八岁以下的青少年不能到酒吧买酒。酒吧不多，没有什么歌唱舞蹈，也就周末有些人安静地喝点红酒聊天。卖淫嫖娼违法，严厉打击。勤奋工作，积累财富，从事公益事业，这是主流文化。

我们今天学习的周公《酒诰》，洋溢出一种目标远大、高度自律、顽强进取的精神，表达出周人兴起时的强大精神力量。面向未来，周人开创新世界的这种宏大自强的精神元素，应当成为未来秩序精神建构的重要基石。

上一讲我们学过周公告诫九弟封治理卫国的《康诰》，《酒诰》仍然是周公对封的诰言，要求封在卫国全面禁止酗酒。

【经文一】

王若曰："明大命于妹邦。乃穆考文王肇国在西土。厥诰毖庶邦庶士越少正御事，朝夕曰：'祀兹酒。惟天降命，肇我民，惟元祀。'天降威，我民用大乱丧德，亦罔非酒惟行；越小大邦用丧，亦罔非酒惟辜。文王诰教小子有正有事：'无彝酒。'越庶国，饮惟祀，德将无醉，惟曰我民迪。"

译文

王说："将此重大命令宣明于卫邦之人。我们有大德的文王，在西方缔造我们的国家。他朝夕告诫各邦诸士、长官、副长官及办事员：'只有在祭祀时才准用酒。上天降天命于我们，要革新我们，从我纪年元年开始。'上天降下威罚，我们人民因动乱而丧失德性，这并非不是因为酗酒的行为。一些大大小小的邦国灭亡，也并非不是因为酗酒之罪。文王告诫年轻人，有官职和办事之人：'不准经常喝酒。'如果到其他邦国，只能在参加祭祀时喝一点，要有德性自律，不可喝醉，因为我们会成为民众追随的榜样。"

导读

禁酒令源自周文王。为什么周文王要下禁酒令？估计这与周文王与商纣王的接触有关。周文王深知商纣王朝廷上下沉湎酒色，对国家德性和能力造成了严重伤害。周文王从很深的思想层面思考了酗酒这个问题。

周文王说："上天降天命于我们，要革新我们，从我纪年元年开始。"天赋大使命，所以要革新自己，在生活中自我约束，成为与众不同的新民族，在德性上严格要求自己，这样才配得上上天的托付。周文王把禁止酗酒这件具体的事上升到政治宗教层面，上升到民族德性的自我更新、自我升级上，上升到实现上天赋予天命的高度。周文王思考问题，天人相通，与众不同。

【经文二】

小子惟一妹土，嗣尔股肱，纯其艺黍稷，奔走事厥考厥长。肇牵车牛，远服贾用。孝养厥父母，厥父母庆，自洗腆，致用酒。

译文

你小子所热爱的，只应是农地的农作物，用心于储备粮食。你小子要好好听从祖先的遗训，大大小小的德性准则都要遵从。你小子治理卫国，要管理好股肱众臣，引导民众专心耕种黍稷粮食，奔走服事父兄长者。努力拉车牵牛去远方经商，以孝养父母。为父母庆寿时，可备献美酒，喝一点。

导读

从这段话中，能看出周公是农商并重的人，将勤于农商视为美德，他并不像后来法家和儒生那样重农抑商。周公这种重农重商的态度，与他敬天爱人的政治神学有关。一切有益于生命的，服务于生命的，都是应当肯定的。

中国先秦时期，商业非常活跃，各国主流政策并不重农抑商。到春秋战国时期，有范蠡、子贡、吕不韦这些著名商人。郑国的朝廷还与商人订立盟约，相互支持，互不侵犯。所以，重农抑商主要是商鞅变法以后的秦制传统。朝廷要将全民编入君主的目标中来，这样商人就成了专制君主不好管理的社会群体，于是就要重农抑商。所以，重农抑商是秦制专统，是君主中央集权下形成的传统，不是先秦的周制封建传统。

【经文三】

庶士有正越庶伯君子，其尔典听朕教！尔大克羞耇惟君，尔乃饮食醉饱。丕惟曰尔克永观省，作稽中德，尔尚克羞馈祀，尔乃自介用逸，兹乃允惟王正事之臣。兹亦惟天若元德，永不忘在王家。

王曰："封，我西土棐徂，邦君御事小子尚克用文王教，不腆于酒，故我至于今，克受殷之命。"

译文

诸士、各邦官长、君子，你们听我教训。你们必须先进献你们的父兄长者，方可自己饮食饱足。唯有能够永远观察反省，你们的行为才会符合德性。能先保障祭祀祭品，你们方可安逸休息。唯有如此，你们方可配得上王家管事之臣。也唯有如此，才遵循了上天本源之德，永不忘记你们是王家之人。

王说："封啊！我们西方人没有被消灭，是因为各邦君主和办事小子们能实施文王教令，不沉湎于酒，所以我们能延续至今，接收了殷国天命。"

导读

这里面出现了一个重要概念："天德"。"天若元德"，周公把人间祭祀神明、尊重君长的行为，视为天德的表现。这种凡事天人合一的思维，是周公的一大突出特征。"德"，原义是通过耕种使种子发芽生长。"天德"，就是上天创生万物、养育万物之大德。人们顺从天德，就得敬天爱人，好好祭祀上天，事奉好君主父亲兄长，团结合作，共同建设好周人国家。

【经文四】

王曰："封，我闻惟曰：在昔殷先哲王迪畏天显小民，经德秉哲。自成汤咸至于帝乙，成王畏相惟御事，厥棐有恭，不敢自暇自逸，矧曰其敢崇饮？越在外服，侯甸男卫邦伯，越在内服，百僚庶尹惟亚惟服宗工越百姓里居，罔敢湎于酒。不惟不敢，亦不暇，惟助成王德显越，尹人祇辟。我闻亦惟曰：在今后嗣王，酣，身厥命，罔显于民祇，保越怨不易。诞惟厥纵，淫泆于非彝，用燕丧威仪，民罔不蠹伤心。惟荒腆于酒，不惟自息乃逸，厥心疾很，不克畏死。辜在商邑，越殷国灭，无罹。弗惟德馨香祀，登闻于天；诞惟民怨，庶群自酒，腥闻在上。故天降丧于殷，罔爱于殷，惟逸。天非虐，惟民自速辜。"

译文

王说："封啊！我听说，殷人先哲王们，敬畏上天，尊重小民，遵从德性，保持智慧，从成汤到帝乙，敬畏反省，一心成事，恭恭敬敬，不敢自暇自逸，岂还敢放纵酗酒？那时的官长，地方上有侯、甸、男、卫各国人君，在中央有百僚、诸尹、亚级副官、任事的服官、宗族官、技工官、各族长和村社负责人，无人敢沉湎于酒。不仅是不敢，也没有时间，一心辅助君王使德政彰显，使民众敬从法度。我还听说，到后来，他们的末代君王，酣醉于酒，只会专断命令，没有显出让人民可尊敬的德性，难保人民不怨恨。荒诞放纵，非法淫乱，欢宴中威仪尽丧，民众伤心痛苦。他仍然荒淫，沉湎于酒，不能停止放逸。内心急躁凶狠，不怕死亡。他的罪恶由商国承担了，要使殷商灭国，但他还不知灾祸将临。他没有美德的香气上闻于天，只有民怨沸腾，聚众酗酒的腥臭上闻于天。所以上天降丧乱于殷国，不再爱护殷国，这一切都是因为他放逸自己。并非上天要虐待他，是他自己召来大罪。"

导读

事业之成败，国家之兴衰，不是偶然的，背后都有原因。原因就是上天的态度。商朝曾经繁荣强大，是因为"殷人先哲王们，敬畏上天，尊重小民，遵从德性，保持智慧，从成汤到帝乙，敬畏反省，一心成事，恭恭敬敬，不敢自暇自逸"。简单来说，就是商人先哲王们真诚地敬天爱民，为此勤奋工作，因此得到上天护佑。说到底还是德性问题，上天爱护敬天保民的国家。

商朝毁灭，是因为商纣王聚众酗酒，独断专行，官吏欺压百姓，民怨沸腾，所以上天降丧乱于殷国。周公对商纣王国家失败的归因，指明了周王朝应有的执政方向，要求反商纣王之道而行之，做到"严格自律，敬天爱人"。

【经文五】

王：“封，予不惟若兹多诰。古人有言曰：'人无于水监，当于民监。'今惟殷坠厥命，我其可不大监抚于时！予惟曰：汝劼毖殷献臣、侯、甸、男、卫，矧太史友、内史友、越献臣百宗工，矧惟尔事服休，服采，矧惟若畴，圻父薄违，农夫若保，宏父定辟，矧汝，刚制于酒。”

译文

王说：“封啊！我不再多教训你。古人有言：'不用从水里照自己，要从民心照自己。'现在殷国天命已坠落，我们岂可不以之为鉴？我只想说，你们殷人大臣、侯、甸、男、卫、太史友、内史友、地方大臣、族官、工长，以及你们的随从服事人员，如事奉的近臣和祭祀的众臣，以及你们的三位官长、镇压叛乱的圻父、保民的农父、执法的宏父，你们每个人，都必须坚决禁酒。”

导读

这段话针对殷人官员而说，认为商朝崩溃，是失去上天护佑、失去人心的缘故。要求殷人认清事实，改过自新，做新人，改变过去酗酒纵欲的毛病，做自我约束的新人。

这段中有一句很有意思的话："人无于水监，当于民监。"不要从水里去照自己的样子，要从人心、从人的愿望、从人对你的看法中，去照自己的样子。从水里，能看到的只是表面的样子。从人心中，能看到你本质的样子。以水为镜，是为了洗净自己的脸。以人为镜，是为了洗净自己的德性、灵魂。人内在的洁净，内在的公义的力量，更为本质。

【经文六】

厥或诰曰：群饮。汝勿佚。尽执拘以归于周，予其杀。又惟殷之迪诸臣惟工，乃湎于酒，勿庸杀之，姑惟教之。有斯明享，乃不用我教辞，惟我一人弗恤弗蠲，乃事时同于杀。

王曰："封，汝典听朕毖，勿辩乃司民湎于酒。"

译文

若有人向你汇报说，有周人聚众饮酒，你必须全部逮捕他们，送到周都来，我杀掉他们。若有殷人中的诸臣和技工，先别杀他们，要教育他们。若已明确宽恕他们，他们仍然不听教令，那就不是我不体恤他们，他们再酗酒时就要杀掉。

王说："封啊！你好好听我教令，首先，不能让执法官沉湎于酒中。"

导读

周公对国家统治有极为深刻的理解。周人征服并要统治好比自己人数更多的商人，必须保证周人的组织力量高于商人。周人发展和巩固自己勇猛而自律的德性，是周人巩固自己统治地位的人力资本的条件。为保证德性上的比较优势，周公必须从禁止酗酒、遏制放纵这个生活环节入手。

讲清了善恶是非的道理，就要认真落实道理。落实道理，表现在严格执法上。执法上务求严明，对违法者不予赦免。周公眼光长远，思想深刻，善恶分明，刑杀凌厉。

从《酒诰》看，为了提升周人的德性自律，建立周人德性比较优势，周公有严刑惩罚的一面。周公是文武并重，德刑并重，文武并行。孔子是殷人后裔，出身平民，通过教育改变了自己的贱民地位，与周公这种国家缔造者心态不同。孔子虽从周，以继承周公之道为己任，但从《论语》记载看，孔子倾向于重文弱武，重德贬刑，与周公有差异。

第十二讲《梓材》

厥乱为民
引养引恬

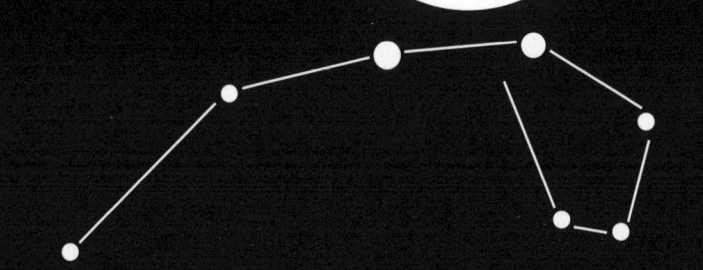

一个国家的真正力量，是以这个国家最弱者能得到的照顾来衡量的。

《尚书》记载周公对封的三次告诫,皆为西周早期文献。一次是《康诰》,一次是《酒诰》,最后一次是《梓材》。

《史记·卫康叔世家》记载:"为《梓材》,示君子可法则。故谓之《康诰》《酒诰》《梓材》以命之。康叔之国,既以此命,能和集其民,民大说。"周公担心卫康叔年轻,不谙治国之道,作了《梓材》,以示君子可以遵循的法则,将其命名为《康诰》《酒诰》《梓材》。卫康叔到卫国后,遵照周公旨命治理卫国,使民众联合团结,民众大悦。

卫康叔治理卫国,实现了殷人的富裕与安宁,实现了周人与殷人的融合。五百年后,孔子周游列国居住在卫国的时候,卫国已经没有周人和商人的隔阂,周人商人已融合为一个新族群,这是卫国长期践行周公之道的结果。

【经文一】

王曰:"封,以厥庶民暨厥臣达大家,以厥臣达王惟邦君,汝若恒越曰:'我有师师、司徒、司马、司空、尹、旅。'曰:'予罔厉杀人。'亦厥君先敬劳,肆徂厥敬劳。肆往,奸宄、杀人、历人,宥;肆亦见厥君事、戕败人,宥。"王启监,厥乱为民。

译文

王说:"封啊,让庶民和小臣之意愿抵达大家族,把臣民之意愿呈给周王,这是邦国君主的责任。你经常说:'我手下有许多官长,如师师、司马、司工、尹、旅。'你要告诉他们:'我不敢暴厉杀人!'为君要先敬人先勤劳,臣下才会仿效他敬人勤劳。把那些人放了,就是那些曾犯奸作乱、杀人伤人的人,宽宥他们。他们当时只是奉君主之命去杀人伤人的,宽宥他们。"王命你为卫国之监,目的是让你为了人民利益去平除动乱。

导读

朝歌曾是商王朝的首都,也曾是商纣王太子武庚的封地。封即将赴任朝歌为卫国新国君,应该如何处置那些曾追随武庚叛乱的殷人呢?普通人的心理,就是顺藤摸瓜,逐一逮捕,严格法办,以建立新国君的权威。但周公告诫封说,必须放过这些参与叛乱的人。他们是参与叛乱的从犯,只是听命于他们的君主武庚。武庚已被镇压,不必追究从犯。周公要求封对殷人以怀柔团结为主,通过保护殷民来争取殷民的认同,实现周商合一,以稳定新的国家。周公说:"王启监,厥乱为民。"王启动你去监督殷人,平定叛乱,是为了殷民利益,不是为了伤害多数殷民。要既往不咎,让殷人安心。

周公这种对战败者怀柔团结的态度,变成了中国历史传统。例如,公元前202年,刘邦消灭项羽以后建立西汉王朝,没有再追杀那些追随项羽、逼迫过自己的人。《三国演义》中描写,公元200年,曹操官渡之战打败袁绍,在袁绍图书中找到一束书信,竟是曹操军队手下与袁绍的暗通之书。曹操左右建议逐一点对姓名，收而杀之。但曹操说："当绍之强，孤亦不能自保，况他人乎？"遂下令全部烧了这些书信，不再追查。这种对战败者宽容的心态，正是来自周武王、周公灭商后善待战败者的传统。

【经文二】

曰："无胥戕，无胥虐，至于敬寡，至于属妇，合由以容。"王其效邦君越御事："厥命曷以？引养引恬。自古王若兹，监罔攸辟。"惟曰："若稽田，既勤敷菑，惟其陈修，为厥疆畎。若作室家，既勤垣墉，惟其涂塈茨。若作梓材，既勤朴斫，惟其涂丹雘。"

译文

应该这样说："不可放纵官吏杀人，不可放纵官吏虐待人，以至于对寡妇和贱妾都必须尊重，要包容所有人。"王会这样评估邦国君主的工作绩效："他发出的命令，是否有助于民众的养育和安宁？这是自古以来的为王之道，为王监察的目标，就是实现国家不必刑杀的目标。"这样说吧："如同种田，要勤劳耕作，又要防止灾祸，就得修整好田埂和水沟。如同建家室，要努力建好围墙，再涂抹好墙壁，再用茅草覆盖屋顶。如同制作建材，先努力砍下原木制作好，再涂上红色染料。"

导读

执政治国，不是为了镇压民众，而是要维护社会稳定，保护民众富裕养育，让民众内心安宁。这就必须尊重民众，包括民众中最贫弱的寡妇和贱妾。能尊重最底层、最无助的人，才可能形成尊重大众的心理习惯。一个国家的真正力量，是以这个国家最弱者能得到的照顾来衡量的。治理国家，如同种田建房，要注重基础工作。治国的基础工作，就是人民富裕，人心思定。打好这个基础，政事好办。这个基础不行，政事难办。周公思考问题，理解人性，务实质朴，不讲花哨。

周公原文是："引养引恬。""引"的象形，就是拉弓射箭，引申为射向、指向。

"养"的象形文字，就是喂养羊，有羊肉吃，引申为供养、养育、养家。有羊可吃肉，有财可养家。民众要有财，就要有一个不抢民众财富的朝廷，一个经济上少管制、低赋税的朝廷。

"恬"，文字为舌头和心，发音为甜，甜在心里。人要"恬"在心里，首先要羊群众多、生活富裕，其次是社会公平有序，人人安心。

"引养引恬"，指的就是引向富裕养民、指向使民心甜心安。

天下人所求，不过是"引养引恬"。治国如此，处人待事也如此。要能够"引养引恬"，使人有钱，使人有利，使人心甜，使人心安。

周公以后三千多年的中国历史中，真正懂得"引养引恬"原则的朝廷并不多，知道民众富裕与国家安定这组关系的君王也不多。"引养引恬"的原则，是好朝廷的原则，也是君子待人的原则。

【经文三】

今王惟曰："先王既勤用明德，怀为夹，庶邦享作，兄弟方来。亦既用明德，后式典集，庶邦丕享。皇天既付中国民越厥疆土于先王，肆王惟德用，和怿先后迷民，用怿先王受命。已！若兹监。"惟曰："欲至于万年，惟王子子孙孙永保民。"

译文

今天王这样说："我们先王努力以明德施德政，让人怀念而愿辅助周国，诸邦国愿来贡献祭品，努力作为。以明德施德政，各邦君主以他为榜样，集合在他周围，向周国贡献。皇天既然已将中国的民众和疆土付托给我们先王来治理，王只有惟德政是用，使这些先后被迷惑的殷人民众和谐欢乐。就这样了，这就是你作为卫君监国的责任。"我只这样说："要想长治久安至万年，王的子子孙孙就要永永远远保护民众。"

导读

以明德施德政，这是《梓材》篇中周公教导封的核心。"德"的造字本义，是耕种使种子发芽生长，有益于养育生命，上天之大德曰生。一个朝廷能否以明德施德政，就看其能否"引养引恬"，能否"保民"，保护好民众，包括民众中最贫困的鳏寡孤独和容易被欺负的小妾。周公说，要想保有国家长治久安，子子孙孙必须以"保民"为执政方向。反过来，失去保民的方向，朝廷就会被上天废除。周公一贯强调，敬天保民才能长治久安。

【小结】

针对周公《康诰》《酒诰》《梓材》三篇诰言，我做一个简要的小结。

第一，上天主宰的宇宙观。周公信奉上天、信奉上帝。周公用"天"和"上帝"这两个概念，来指称天地万物和国家历史的最高主宰。天地之主宰是上天；王权之来源是上帝。王朝更替，历史变迁，天命使然。

第二，明德慎罚的执政观。上天向善，上帝爱民，历史目标指向公义，对行恶者必会清除。治理天下，必须明德慎罚，对民众要若保赤子，以德政爱民为本，以刑罚秩序为辅。执法要严明，以保有秩序，但要知道，执政的终极目标，是实现不再需要刑罚的社会。执政待民，要像保护婴儿，重在使民众富裕健康、社会有序。

第三，国家长治久安的基础是有益民众。民众所求，是富裕安宁。执政治国，就是"引养引恬"，要服务民众，使之得以富裕安宁。

第四，周公的思想核心是敬天爱人，这是一种十字结构的思想。敬天，是纵轴。爱人，是横轴。因为敬天，所以爱人。唯有爱人，才是敬天，天人关系之敬，表现在人际关系之爱上。

第十三讲《召诰》

服务民众
事奉上天

> 宇宙秩序和历史演进，趋向德的秩序，走向善的方向。

【背景】

《尚书·召诰》主要记载周公、召公在洛邑新都开工典礼上的言行。《召诰》由西周初年史官记录，是重要文献，我分成八段讲解。

本篇称为《召诰》，但文字内容并不是召公讲的话，而是在成周新都城建设的开工典礼上，周公对周人和商人代表们讲的一番话。因召公将筹集到的建设成周新城的钱币交给周公，故此篇讲话被题为《召诰》。

周武王去世后，西周王朝主要由周公、召公和太公望三公管理，属于贵族共和治理模式。召公负责管理周人原来在西方的首都宗周镐京，周公负责管理新建的东方洛邑新首都成周。太公望封地在齐国，齐国当时属于远东。太公望是外姓功臣，又是周成王外公，属于周王室有势力的外戚。

从《尚书·金縢》可以看出，召公、太公望是周成王的铁杆拥戴者，他们对周公的权力形成制衡。周公摄政七年后，还政于周成王，背后有召公、太公望势力制约的因素。

周灭商之前，周人国都在镐京，位置在今天的陕西西安市长安区。商人的首都在东方的河南安阳。周武王灭商后，考虑到要更好地控制东方，提出周人的首都应该东移到洛阳一带。可惜周武王建国后不到四年就去世了，没有时间营建周人的洛阳东都。

周成王第五年，在召公和周公的共同努力下，周人用了近三年的时间，完成了洛阳成周的建设，周人控制重心东移。周人原来的首都称为宗周，洛阳则称为成周。西周王朝在成周部署了周八师军队，共约两万人驻守成周，以控制东方殷人及淮夷等力量。

在今天洛阳瀍河两岸营建成周，将周人统治中心东移，是西周建立之初的重大战略，保障了周人对东方的长期控制。从现在发现的西周青铜器来看，有"成周"字样的青铜器有上百件，而有"宗周"字样的青铜器只有二十多件，说明洛邑"成周"的政治和军事地位已超过周人原首都"宗周"镐京。

关于周公的历史地位，史家强调四个方面：一是辅佐周武王推翻商朝；二是周武王去世后，周公摄政，东征两年多，平定"三监"及武庚等人叛乱；三是营建洛邑东都，周人统治中心东移；四是兴礼作乐，创立礼教，成为周孔之道的儒家渊源。

对我们来说，周公的历史存在，主要是他表述在《尚书》中的思想。现在发现的最早的"中国"字样，出自西周初年的青铜器"何尊"。铭文记录的就是营建洛邑成周的事。说武王灭商后，告祭于天，要以洛邑为天下的中心建设成周。铭文中有"宅兹中国"，居于中国。中国，指的是居于西周疆域中心的洛邑。

"何尊"中还有一个重要的地方，是铭文中有中国考古发现的第一个"德"字。周成王要求贵族何辅佐自己"恭德谷天"，指以恭敬之德弘扬天命。从"何尊"可知，现在发现最早的"德"字是与"天"同时出现的，人与天的关系，人对上天的恭敬，人的德性符合上天的要求。"德"的概念，首先指天人关系。"德"的现代含义，失去了原初的天人关系，变成了纯粹的人与人的关系。没有对上天的敬畏，就难有人与人的德性关系。

在了解以上背景的基础上，我们来分段分析《尚书·召诰》的文字。

【经文一】

惟二月既望，越六日乙未，王朝步自周，则至于丰。惟太保先周公相宅，越若来三月，惟丙午朏。越三日戊申，太保朝至于洛，卜宅。厥既得卜，则经营。越三日庚戌，太保乃以庶殷攻位于洛汭。越五日甲寅，位成。

译文

二月十六日之后的第六天乙未日，成王早晨从镐京出发，抵达丰邑。太保召公在周公之前，先去看成周地址。三月，月亮初出的丙午日出发。三天后戊申日，太保召公到洛邑，就选址占卜，得吉兆，开始规划。第三天庚戌，太保让诸位殷人在洛水汭水选位置。再过五天到甲寅日，选好位置。

导读

这段文字，说明洛邑成周新首都最早的规划人是召公。召公安排殷人中的城建人才，先去视察、选址并完成规划。

【经文二】

若翼日乙卯，周公朝至于洛，则达观于新邑营。越三日丁巳，用牲于郊，牛二。越翼日戊午，乃社于新邑，牛一，羊一，豕一。越七日甲子，周公乃朝用书命庶殷侯甸男邦伯。厥既命殷庶，庶殷丕作。太保乃以庶邦冢君出取币，乃复入锡周公。

译文

到了第二天乙卯日，周公早上到了洛邑，把新城邑边界看了一遍。到第三天的丁巳日，周公郊祭皇天上帝，用了两头牛牲。过一天是戊午日，周公祭祀土地，用了一头牛、一头羊和一头猪。第七天甲子日，周公早晨写诰令给殷人的侯、甸、男、邦、伯各级贵族。命令下达众殷人，殷人开始动工。太保于是把各国君长献出的币，再入内呈献给周公。

导读

洛邑新都成周的建设，财力是各诸侯君主出的，人力是殷遗民降俘。成周建设，是在周公平定"三监"及武庚之乱后。各盟国君主和各功臣诸侯，在征服商国的过程中抢夺了不少财富，也得到了不少战俘。这些战争中抢来的钱财和战争中的降俘，被召公、周公再收集回来，用以建设新都成周。

召公规划了洛邑成周，但组织洛邑东都开工典礼的是周公。在开工典礼上主持祭祀皇天上帝和土地的不是召公，不是周成王，而是周公。周公身为周王朝太傅，分管祭祀，拥有大祭司祭祀权。周公时代，最重要的权力有两个，一个是祭权，一个是军权。正如《左传》中记载："国之大事，在祀与戎。"国家大事，在祭祀与军事。洛邑新都开建时，周公仍身居摄政王高位，所以他以大祭司身份主持祭祀也合乎情理。

【经文三】

周公曰："拜手稽首，旅王若公诰告庶殷越自乃御事：呜呼！皇天上帝，改厥元子兹大国殷之命。惟王受命，无疆惟休，亦无疆惟恤。呜呼！曷其奈何弗敬？"

译文

周公说："我谨跪拜叩头，感谢我王和召公，我就此诰示广大殷人和主事官员们。啊！皇天上帝更换了自己的长子和大国殷的天命，使我们周王受了天命。这固然是对我们无边的赐福，也是我们无边的忧虑。啊！我们岂能无敬畏之心？"

导读

周公面对周成王、召公、周人贵族和殷人贵族讲话，将商周之变，归为皇天上帝的意志。皇天上帝更换他在人间的元子、长子，代理人。周公告诉所有殷人，周革殷命，乃上帝旨意。周公同时告诉周人，承受天命，拥有新政权，是上帝赐福，也是上帝要求的重大责任。既然上帝可以更换殷王所受天命，一样可能更换周人所受天命，所以要对上帝保有敬畏。这种强烈的责任意识和忧患意识，贯穿周公思想的始终。

【经文四】

天既遐终大邦殷之命，兹殷多先哲王在天，越厥后王后民，兹服厥命。厥终，智藏瘝在。夫知保抱携持厥妇子，以哀吁天，徂厥亡，出执。呜呼！天亦哀于四方民，其眷命用懋。王其疾敬德！

译文

上天曾延续大殷国的天命，殷人先哲王的灵都能上升到天上。这是因为当时殷王殷民，能服从天命。到末世殷王，智者隐藏，民众苦难。殷人抱着婴儿，带着妻子，向上天哀号呼吁，诅咒纣王灭亡，希望脱离他的监牢。啊！上天哀怜四方民众，以更改殷朝天命的方式来眷顾民众。王要即刻敬畏上天，保有德性！

导读

这段话，是周公对王朝更替的理解和解释。主要是对殷人说话，指明殷人的先王们是伟大的，是敬天爱民的，是得到天命的，所以能保有大殷国。这是对殷人先哲王的赞美。当时听着周公讲话的殷人，不会体会不到周公对殷人先王和殷国传统的尊重。周公这么说，也并非只是出于统战考虑，他对商人先哲王的敬重是真诚的，而且他自己的母系血脉中，也流有商人贵族的血。面对商人，周公与他们有亲缘关系，并非纯粹的外族。

周公说，大殷国灭亡的原因，是商纣王残害民众，自绝于天。这种话，殷人也无话可说，因为殷人同样怨恨商纣王。周公表示，敌人只有一个人，就是商纣王。上帝命周人灭除大殷国，是为了解救民众于水火之中，是为了砸烂民众的牢狱枷锁，周公用的是一种殷人解放者的口气。

从实际执政效果来看，殷人最后也是心服口服。在周人的统治下，殷人民众享有的权利比在纣王统治下要好得多。史料说明，殷人后来完全认同了周人新政权和新文化。孔夫子这位殷人后裔就是一个代表，他说"吾从周"。同时，周公这句话也是对着周成王和周人贵族们说的。纣王虐待民众，被上天废除。周人建立新国家，如果周王及众贵族们也虐待民众，上天仍然会废除周人天命，更换周政权。因此必须敬畏上天，保有德政，爱护民众，保护民众。

【经文五】

相古先民有夏，天迪从子保，面稽天若；今时既坠厥命。今相有殷，天迪格保；面稽天若；今时既坠厥命。今冲子嗣，则无遗寿耇，曰其稽我古人之德，矧曰其有能稽谋自天？呜呼！有王虽小，元子哉。其丕能诚于小民。今休：王不敢后，用顾畏于民嵒。王来绍上帝，自服于土中。旦曰：其作大邑，其自时配皇天，毖祀于上下，其自时中乂；王厥有成命治民。今休。王先服殷御事，比介于我有周御事，节性惟日其迈。王敬作所，不可不敬德。

译文

考察古代先民有夏氏，上天以他们为元子而保佑他们，他们能顺从上天法则，但后来天命又从他们身上坠落。再考察殷国，曾遵从上天教法，能通上天，能得到上天保佑，但今天殷人天命坠落。今日我们王年幼继位，没有足够的年老智慧之人辅佐，很难明白古人之德政，更不用说谋划能顺从天命了。啊！我王年龄虽小，也是上天之长子！必须以诚心善待小民。值得庆幸的是，我王做事不敢拖后，关心和担心来自民众的评价。王在人间，当以事奉上帝为本，使中国之人服从上帝。我说，我们营建大城邑，是为了匹配上天，这样我们可以祭祀上下之神明，使中国能治理好。王有治理好民众的使命，这样国家就能得到护佑。王任用了许多殷人旧臣来做我们周人的事，他们能够克自努力天天上进。王所作所为，不可不有敬畏心、保有德性。

导读

本段表达了两个重要信息。

第一，王朝的更替、历史的变迁，核心原因就看君主朝廷能否敬天保民。商推翻夏，周推翻商，背后原因都是上天选择有德之人任君主。《尚书》记载周公之言："皇天无亲，惟德是辅。"这对殷人来说，是一种很好的说服理由。商人的江山，是从夏人那里夺来的，是商革夏命的结果，这是因为商人先哲王有德。上天惟德是辅，商王有德时有江山，无德时失江山。纣王失德，周人有德，天命转移到周人身人。推翻商王朝的本质力量，不是周人，而是上天，周人只是上天的代理。

第二点更重要，周公将为王的使命设定为"事奉上帝，敬爱民众"，原文是"王来绍上帝"，王所来，是"绍上帝"。"绍"，指承受和发扬，"绍上帝"，即承受上帝天命以事奉上帝。《道德经》五十九章中说的"治人事天"，讲的也是治理人民与事奉上天的关联。治理民众的目标，是事奉上天。事奉上天，就得爱护民众。周公的天命论把政治权力赋予了宗教使命。纣王失国，残害民众，就是没能履行好"事奉上帝"这一宗教使命，这对信奉上帝的殷人有很强的说服力。商周王朝更替，民众能很好地融合，与双方有共同信仰根基有关。

【经文六】

我不可不监于有夏，亦不可不监于有殷。我不敢知曰，有夏服天命，惟有历年；我不敢知曰，不其延。惟不敬厥德，乃早坠厥命。我不敢知曰，有殷受天命，惟有历年；我不敢知曰，不其延。惟不敬厥德，乃早坠厥命。今王嗣受厥命，我亦惟兹二国命，嗣若功。

译文

我们不可不以夏朝为鉴，也不可不以殷朝为鉴。我不敢说自己明白，夏朝为什么能服从天命许多年。我也不敢说自己明白，为什么夏朝不能延续。我只知道他们没有敬畏心，丧失德性，才过早坠落天命。我不敢说自己明白，殷朝为什么能服从天命许多年。我也不敢说自己明白，为什么殷朝不能延续。我只知道他们没有敬畏心，丧失德性，才过早坠落天命。现我王继承了天命，就是这两个国家曾有的天命，我们要继承的是他们曾有过的功绩。

导读

王朝的兴衰，背后的原因是什么？周公认为，是德性好坏的问题，是能否行德政的问题。"惟不敬厥德，乃早坠厥命"，不敬德即失天命，这是周公对商王朝崩溃的归因。上天好德，辅助有德之人，这样的观念表面简易，背后是一种宇宙向善的信念，一种德性宇宙的信念。宇宙秩序和历史演进，趋向德的秩序，走向善的方向。

上天向善，历史向善，治人事天，惟有向善，修德性行德政，爱护生命，保护百姓，才能得到上天护佑，国家才能长治久安。

【经文七】

王乃初服。呜呼！若生子，罔不在厥初生，自贻哲命。今天其命哲，命吉凶，命历年；知今我初服，宅新邑。肆惟王其疾敬德。王其德之用，祈天永命。

译文

我王初事天命。啊！如同生子，不会在他初生之时，就有智慧来把握自己的命运。决定他是否智慧、是吉是凶、是否长命的，只能是上天。今天我王才开始事奉上天，就建立了新的城邑。惟愿王即刻敬畏上天、保有德性。以德性行德政，以祈求上天保佑国家长治久安。

导读

周公认为，人的命运，不是由自己决定的，是由上天决定的，是由上帝安排的。周公再次强调，人能自我努力的，就是敬畏上天，保有德性，爱护百姓，以德政求上帝护佑。上天好德，上帝爱德。天人统一，就在德性上。顺天者昌，逆天者亡。行德则顺天意，行善则承天心。当修德以事天，以人德配天德。

【经文八】

"其惟王勿以小民淫用非彝，亦敢殄戮用乂民，若有功。其惟王位在德元，小民乃惟刑用于天下，越王显。上下勤恤，其曰我受天命，丕若有夏历年，式勿替有殷历年。欲王以小民受天永命。"拜手稽首，曰："予小臣敢以王之雠民百君子越友民，保受王威命明德。王末有成命，王亦显。我非敢勤，惟恭奉币，用供王能祈天永命。"

译文

"惟愿王不要因小民行为淫乱非法，就敢于用消灭杀戮的方式来统治民众，似乎这样才算有功。惟愿王立于德之本源，小民以你为榜样，这样你才真正显荣于天下。上上下下要勤劳服务民众体恤民众，才说得上我们是受了天命。这样我们才能比夏朝长久，替代殷朝并比殷朝长久。愿王以勤恤小民来永久承受天命。"

召公跪拜叩首说："我这小臣、殷人臣民以及友好臣民，会共同保卫和承受我王威严之命和光明之德。我王后来发布营建洛邑之命令，王命已得到彰显。我不敢说自己勤劳，只想恭敬奉上钱币，以供王去祈求上天，让我周国能永享天命。"

导读

本段中有两句话值得大家记住。

第一句是"上下勤恤，其曰我受天命"。上下勤奋、体恤民众，才可以说我们是承受了天命。承载天命，享有国家，意味着什么？意味着上下勤奋、体恤民众。天命降临，只是为了民众。所以服务好民众，才算是承受了天命，配得上天命要求。

第二句是"欲王以小民受天永命"。希望王以服务小民，让周国永享天命。天命与小民同在，小民是上天关爱的对象，服务小民，即是顺从天命，这是周公政治神学的核心原则。

第十四讲 《洛诰》

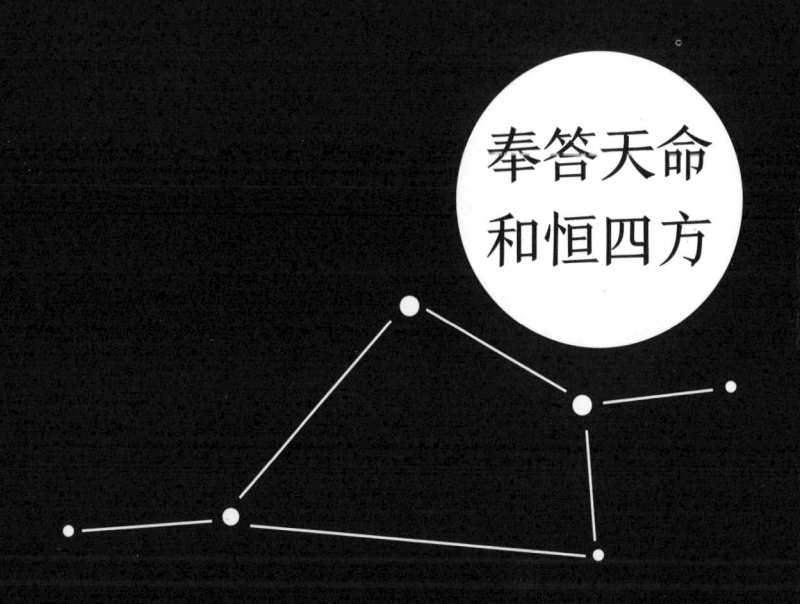

奉答天命
和恒四方

面对复杂的事,要找到一个具体的抓手。

【背景】

《尚书·洛诰》是西周文献，记载了周公与周成王在洛邑新都建设过程中的往来传话。这些传话往返有过四次，发生在三年之内。

大约在周成王在位（前1042年—前1021年）第七年（约前1035年），周成王约20岁的时候，周公派人请周成王从镐京（今西安）前来洛邑（今洛阳）举行洛邑新城落成的祭祀大典，主持朝政。

我把本讲经文分为11节：1~8节记载周公、周成王各派使臣的传话；9~11节记载周成王在洛邑的活动。

周成王继位以来，由召公辅佐，居住在周人原首都宗周镐京，在现今陕西省西安市长安区一带。召公职位是太保，是周成王的老师和监护人。召公是周公同父异母的哥哥，他负责治理周王朝的根据地宗周，在周王室中是实权人物。据《史记》记载："召公之治西方，甚得兆民和。"召公治理西方宗周之地，很能团结民众。召公辅佐周成王治理镐京宗周，周公治理洛邑成周。召公与周公，形成了周武王去世后周王朝内双峰制衡的权力结构。由于召公代表周成王，他背后还有姜太公和大贵族们的支持，所以召公更具有政治合法性上的比较优势。召公与周公这种微妙的合作与制衡的关系，以及他们处理权力矛盾的高智慧与责任心，使西周王朝之船顺利通过了早期动荡的政治险滩。

据《尚书·金縢》记载，周成王比较亲近的人是太保召公和太师太公望。太公望姜太公是周成王的外公。召公和太公望支持周公摄政为王，但为保卫周成王，他们会监督和制约周公的行动。

西周初年，召公、太公和周公三足鼎立，相互监督制约，谁也不能任性，相互之间彬彬有礼。周公劳苦功高，对周成王又多有教诲，周成王免不了对周公有些忌惮，甚至有些怀疑和提防。

据《尚书·君奭》记载，周公曾向召公解释自己摄政的原因以及自己的政治定位。周公的自我定位，是以商朝开国丞相伊尹等辅佐大臣为榜样，辅助年轻的君王。周公有功高盖主之嫌疑，他强调把自我定位为周成王的辅佐大臣，是为了避免政治猜忌和政治冲突再次破坏周王朝的稳定。周公是以保卫周成王和周王朝的名义东征平叛的，召公、姜太公等大贵族支持周公摄政和东征，也是基于保卫周王朝和年少的周成王。周公把自己定位为周成王的辅佐大臣，并在摄政七年后主动还政于周成王，是对他自己保卫周成王的承诺的履行。了解周公、召公、周成王这种微妙的政治权力平衡关系，我们才能理解《洛诰》双方的书信往来内容。

从周成王所派使臣的传话来看，周成王这些话讲得老成持重，分寸得当，恭敬有礼而不失尊严，与其说是出自周成王，不如说是出自太保召公，甚至可能太公望也参与其中。周公的讲话，用词用语比较坦率直接，与其说是说给年轻的周成王听，不如说是说给召公和太公望听。

周公东征平定"三监"及武庚之乱后,组织商人俘虏营建东都洛邑。洛邑建成以后,周公请周成王前来洛邑举行祭祀大典和任命驻守洛邑各大臣,表达了要周成王移居洛邑和还政于周成王的想法。而周成王、召公等深知管控东方商人是大事,一时之间还无人能替代周公,所以坚持挽留周公驻守洛邑,负责巩固周人对东方商人的统治。

《洛诰》是《尚书》中最难懂的篇章之一,而且字数很多。为了让大家完整了解,我会一段不漏地重新翻译,分段进行评点。我细心对比过多个版本,对一些关键文字进行了重新研究和翻译。

【经文一】

周公拜手稽首曰:"朕复子明辟。王如弗敢及天基命定命,予乃胤保大相东土,其基作民明辟。予惟乙卯,朝至于洛师。我卜河朔黎水,我乃卜涧水东,瀍水西,惟洛食;我又卜瀍水东,亦惟洛食。伻来以图及献卜。"

译文

周公跪拜叩头说:"我告诉您治理洛邑的重大政策。似乎您还谦逊不敢来承担上天立基给您确立的天命,我继太保召公之后,全面视察东方洛邑,这是您作为万民君主的基础。我在乙卯这天,早晨抵达洛邑。我先占卜了大河以北的黎水地区,又占卜了涧水以东、瀍水以西地区，只有洛水之地得到吉兆。我又占卜了瀍水以东地区，还是只有洛水之地吉利。特遣使臣把新邑地图及卜兆献上。"

导读

最早对洛邑进行规划的是召公，而周公负责组织建设。看来周公不仅组织建设，还在召公考察的基础上进行了更为详细的考察和规划，并把新的规划图和相应的占卜征兆派人送给了周成王。占卜征兆，应该是占卜用的甲骨烧灼的裂纹。看来当时周成王身边的巫师与周公身边的巫师，对判断甲骨纹路有共同的知识背景。周公看成吉兆的，周成王身边的巫师也会看成吉兆。从殷墟甲骨文看，有护佑城邑权能的只有上帝。西周初期，宗教上多继承商朝宗教，所以周公卜占，卜问对象一定是上帝上天。

【经文二】

王拜手稽首曰："公不敢不敬天之休，来相宅，其作周匹，休！公既定宅，伻来，来，视予卜，休恒吉。我二人共贞。公其以予万亿年敬天之休。拜手稽首诲言。"

译文

成王跪拜叩头回答说："公不敢不敬奉上天赐福，亲自到洛地勘察确立地址建立新邑，公是我周国首要辅佐元勋！我特褒美公已完成的新邑规划。现在你已确立新邑规划，又遣使让我看到卜兆的恒定吉利，你与我当共享此吉利。愿公领着我永远敬畏上天所赐之福！我跪拜叩头接受公的教诲。"

导读

周成王批准了周公的新规划。显然，上述记载的时间是洛邑城开建之前。此段原文中，建议大家记住四个字："敬天之休。"休，指赐福。敬天之休，指敬奉上天，以求上天赐福。

【经文三】

周公曰："王，肇称殷礼，祀于新邑，咸秩无文。予齐百工，伻从王于周，予惟曰：'庶有事。'今王即命曰：'记功，宗以功作元祀。'惟命曰：'汝受命笃弼，丕视功载，乃汝其悉自教工。'"

译文

周公说："王啊，将开始按殷代祭祀传统举行祭祀大典，大典在新邑举行，都已安排得井然有序，一点也不紊乱。我已派百官去宗周陪同王前来。我对他们说：'你们众人有大事要办。'请王这样下诏命：'将此功业记入祭祀大典，以此记功大典作为国家纪年的元年。'再请王下诏命：'您接受先王遗命，督导辅助我，您继续督察此大功之事，教导全体百官。'"

导读

这是周公要求周成王授权，由他负责组织这次祭祀大典。大典主祭人是周成王，但大典的组织者是周公。在周代，确立祭祀大典中的职分是很重要的事，因为涉及权位安排。军权与祭权，是周王室最高的两大权力。洛邑新都建成的祭祀大典是国家大事，周公要求周成王对他组织祭祀大典要有明确的授权。也就是说，要求召公有明确的态度。更重要的是，周公要求以大典为纪年的元年，这其实是明确洛邑新都为周王朝正式的首都。这之前，周人的纪年，是以周文王登基的时间为纪年元年的。调整纪年元年，相当于重建历法，这涉及重大的权力和利益调整。召公、周成王一时拿不定主意，没有及时回信，于是就有了周公下面这段新的传话。

【经文四】

公曰："已！汝惟冲子，惟终。汝其敬识百辟享，亦识其有不享。享多仪，仪不及物，惟曰不享。惟不役志于享，凡民惟曰不享，惟事其爽侮。乃惟孺子颁，朕不暇听。"

译文

公说："噫！你虽然还年轻，但看人要看最终表现。你要以敬重之心，去了解众诸侯贡献享礼祭品的情况，或者了解他们中不贡献享礼祭品的情况。祭祀享礼仪式繁多，但如果仪式不落实到贡献祭品上，就可称为没有参与享礼祭祀。如果诸侯不用心于贡献享礼，百姓就认为可以不必进行享礼，国家政事就会轻慢犯错。颁赐众诸侯的仪式，得由你这年轻人来进行，我没有多少闲暇来聆听他们说什么。"

导读

周公这段话的核心，是给周成王讲如何通过祭礼安排来建立国家礼制的道理，以确立周王与众诸侯的权力秩序关系。周王与同姓诸侯，有共同祖先，共同血脉。异姓诸侯的祖先多是辅佑周文王、周武王的功臣，他们与周王室往往有婚姻关系。周成王祭祀上天、配以周文王、周武王，安排同姓及异姓诸候君主们助祭，这是连接周王与诸侯君主们的精神纽带。祭祀仪式严格按亲疏等级进行排列安排，这既符合家族内部的宗法关系，也符合周天子与诸侯们的国家关系。国家政治关系体现在祭祀礼仪之中，祭祀礼仪表现国家政治关系。祭祀大礼中君主与贵族间的等级、权利和义务关系的安排，一一象征性地对应君主与贵族在国家政治关系中的等级、权利和义务关系。以上天、祖先崇拜的宗教为精神凝聚力，来形成君主与贵族疏亲有别、上下有别的政治秩序，这就是历史上常说的周公兴礼作乐，以礼治国。

周公知道人心复杂，仅从外表很难看出他们内心真实的想法。他规定诸侯们要按等级亲疏贡献不同规格和数量的祭品，这就使判断人心有了一个外在的客观标准。各诸侯是否遵守等级亲疏秩序，不在于嘴上说什么，而在于实际做什么。所以周公说："朕不暇听。"我没时间听他们说什么。周公教育周成王，看诸侯心里想什么，就看他们实际做什么，看他们是否按等级规定贡献祭品。这就是周公教周成王的办法，"惟终"，只看最终表现。人心看不清楚，但祭品是看得清楚的。周公等人身经百战，深通人心，诸侯们心里想什么，周公等人不用看他们的表现就能明白。但周成王是年轻人，人间险恶事经历得少，周成王如何去了解各诸侯对周王室的态度呢？就看他们是否能按规定奉献祭品以及遵守祭祀规定。如果有诸侯不按规定贡献祭品，在祭祀过程中不守等级规矩，说明他们内心怠慢王室，不敬天子，不顾共同体利益，就得想办法应对。

周公治国有一个特点，就是无论面对多么复杂的事，他都会找到一个具体的抓手。例如，为推动周人德性自律，周公实施禁止酗酒令，从生活中找出一项可以把握的抓手。本讲中，他为推动以礼制塑造政制，就从诸侯贡献的祭品考核开始。大事从小事入手，政制从礼制入手，无形从有形入手，这是周公的治理之道。

【经文五】

"孺子其朋，孺子其朋，其往！无若火始焰焰；厥攸灼叙，弗其绝。厥若彝及抚事如予，惟以在周工往新邑。伻向即有僚，明作有功，惇大成裕，汝永有辞。"

译文

"年轻的王啊,和众臣一起去。年轻的王啊,你要和众臣一起去。不要像星星之火,最后燃起大火。不要让国家秩序终结,要顺从传统法典,做好安抚之事,率领宗周百官去新邑,让众臣僚陪同您,公开嘉奖有功之臣,厚赐他们富贵,这样您方可永享美誉。"

导读

从这段话看,最初周成王是拒绝去洛邑主持祭祀的。背景很复杂,估计其中最重要的原因,是当时周公仍然是摄政王,对外代表周成王行事。如果周成王去主持洛邑建成的祭祀大典,就相当于取消了周公的摄政王身份,这表示周公还政于周成王了。这事,估计召公、太公望和周成王都没有完全想好。但周公态度很坚决,认为在大典上,要嘉奖和任命众多商人贵族为周王朝长官,这是安抚商人的重大举措,周成王不能失职。看来周公做事,一切以国家大业为重,对宫廷权力关系考虑不多。

【经文六】

"朕教汝于棐民,彝汝乃是不蘉,乃时惟不永哉!笃叙乃正父罔不若予,不敢废乃命。汝往敬哉!兹予其明农哉!彼裕我民,无远用戾。"

译文

"我教育过您要使民众遵从法典,如果您不努力,国家很难长治久安。要真诚对待众官之长,如同我对他们一样,这样他们才不敢废除您的命令。您要去敬奉此事,我要去鼓励搞好农业。能富裕民众,才会远离暴戾。"

导读

本段中建议大家记忆的原文是:"兹予其明农哉!彼裕我民,无远用戾"。我要去鼓励搞好农业。能够富裕民众,才会远离暴戾。

周公显然明白召公、周成王的想法,他给他们一个明确的态度,自己不能拥有最高祭祀权,最高祭祀权、大典主持权一定要由周成王来掌握。他自己主要从事世俗事务的管理。过去周公掌握军权平叛,现在战争结束了,洛邑城也建立了,周公就还政于周成王,自己转来发展农业经济。周公非常明白,和平时期的政权稳定就看经济好坏。这也就意味着,周公全面的摄政王身份结束了。周公超越个人权力考虑问题,是一位以国家利益为重的人。

【经文七】

王若曰:"公!明保予冲子。公称丕显德,以予小子扬文武烈,奉答天命,和恒四方民,居师;惇宗将礼，称秩元祀，咸秩无文。惟公德明光于上下，勤施于四方，旁作穆穆，迓衡不迷。文武勤教，予冲子夙夜毖祀。"

译文

成王说："公啊！您一直保护我这年少之王。您说要我发扬美德，以弘扬文王、武王的功烈。要我奉答好天命，使四方民众和谐安定。我将举行宗祀大典，将大典当成国家元年的开始，使一切井然有序。惟愿公您之德性德政，照耀上下，能勤勉在四方实施，使四方肃穆，遇事不迷乱。勤于教育我文王武王的教导，使我早晚都敬重大祭之事。"

导读

周公要周成王掌握最高祭祀权的态度一明确，召公和周成王马上就同意了。周成王同意以大典为周朝纪年的第一年，同意自己亲自去主持大典祭祀，这相当于西周王朝的纪年变革，以周成王迁居洛邑为元年开始，意味着从周成王亲自治理全国的时间开始。战乱结束了，反叛力量被肃清了，天下安宁了，新都落成了，西周王朝新时代是从周成王开始的。

本段建议大家关注的原文，是这八个字："奉答天命，和恒四方"。事奉回应天命，使四方民众和谐有恒心。要使人有恒心，有恒产才有恒心，必须发展经济，这是周公还政于周成王以后想做的事。

【经文八】

王曰:"公功棐迪,笃罔不若时。"王曰:"公!予小子其退,即辟于周,命公后。四方迪乱未定,于宗礼亦未克敉,公功迪将,其后监我士师工,诞保文武受民,乱为四辅。"王曰:"公定,予往已。公功肃将祗欢,公无困哉!我惟无斁其康事,公勿替刑,四方其世享。"

译文

成王说:"您有辅佐之大功,没有不及时的。"成王说:"公啊,我小子就先退了,我就在周(指宗周),命公您料理后面的事。四方还在乱,还没有按宗礼要求安定下来,您的功业尚未完成。您留在后面,监督好众卿士、师长、百官,保护文王、武王承受万民之大业,辅助我治理好四方。"成王说:"公您就定在新邑。我去把您的功业、小心以灌礼祭告宗庙。公您(要坚守新邑)不要让我困扰,这使国家康宁之事,不要想替换您的事,这样我们能世代享有四方。"

导读

周公将最高祭权归还周成王,这相当于主动终结自己摄政王的身份。在这种情况下,召公和周成王仍然要挽留周公留任,继续管理洛邑。东方叛乱是周公平定的,洛邑城是周公指挥商人建设的,周公是有大功之人,又主动将最高祭祀权归于周成王,结束自己的摄政王身份，这对召公和周成王来说，是一件需要仔细衡量的大事。周成王首先表达的，就是挽留周公继续管理洛邑。

【经文九】

周公拜手稽首曰："王命予来承保乃文祖受命民，越乃光烈考武王弘朕恭。孺子来相宅，其大惇典殷献民，乱为四方新辟，作周恭先。曰其自时中乂，万邦咸休，惟王有成绩。予旦以多子越御事笃前人成烈，答其师，作周孚先。"考朕昭子刑，乃单文祖德。伻来毖殷，乃命宁予以秬鬯二卣。曰明禋，拜手稽首休享。予不敢宿，则禋于文王、武王。惠笃叙，无有遘自疾，万年厌于乃德，殷乃引考。王伻殷乃承叙万年，其永观朕子怀德。"

译文

周公跪拜叩头说："王命我来洛邑，承受保有祖先文王受命于天所得之民，光大你父亲武王的功业。我恭请你这年轻的王来视察新都，以丰厚的俸禄，录用商人中的贤人，使他们为四方长官，作为我们周国敬重他们的表率。以洛邑为中心治理，万邦会安定，王就有成绩。我姬旦与主事官长们以弘扬前人功烈为己任，师从先王表率，作为我们周人能信任人的表率。"您要以祖父文王为榜样，光大祖父文王之大德。您派使者来，敬慎对待殷祭大典，命他带来两樽黑卤黍酒，说："以此虔敬祭祀，请跪拜祭献。"我不敢过夜拖延，马上向文王、武王献上禋祭，祝祷说："祝成王诚心继承好文王、武王之业，身不遇疾病，万年之后人们仍怀念他的德政，完成好治理商人的考验。王若能做好殷祭之礼，万年以后他们仍然会看你行为怀念你的大德。"

导读

这段话极为重要，是周公要求周成王任命商人贵族为长官，治理东方各地。要让商人贵族感到周人对他们的信任和敬重，要给商人贵族高官厚禄。任免官吏是王权，周公要求周成王来进行任免，这也是周公放弃摄政王权的表现。

信任和敬重商人，任用商人贵族来管理商人，这是周公稳定商人的重大策略。周公对此有信心，一是因为武庚之乱是周公平定的，商人敬畏周公；二是因为商人在周公管理下，建成了洛邑新城。这是一个艰苦的组织工作，在这个过程中形成了以服从周公的商人贵族为主的新的领导阶层。周公认为，这个经过考验的商人新领导阶层是稳定商人的关键力量，他要求周成王一定要尊重和任用他们。商人贵族入朝为官，由周成王任命的，说明他们是朝廷的官员，不是周公的私家军。周公思考问题，从来是从国家制度和大局出发。

【经文十】

戊辰，王在新邑，烝祭岁。文王骍牛一，武王骍牛一。王命作册逸祝册,惟告周公其后。王宾杀禋咸格。王入太室,祼。

译文

戊辰这天,成王在洛邑新城举行祈求丰年的冬祭和岁祭之礼。用一头红色牛祭文王,用一头红色牛祭武王。成王命令作册官逸宣读册命之文,报告让周公留任洛邑。成王以迎宾之礼,迎接助祭之人(尤指殷贵族),杀牲举行祭祀上帝的禋祭(燔祭)。完成祭祀,王进入太室,举行赐贵宾饮酒的祼礼。

导读

这段记载也很重要。周成王完全遵循周公的教导,按商人的传统祭祀举行了祭祀,迎接商人贵族为祭祀助手,共同燔祭上帝,还向殷贵族们敬酒。这是在宗教上与商人完全融合,告诉商人:在信仰上我们是一体的。以敬酒方式给足了商人贵族们面子。

我在以色列希伯来大学学习时,深切体会到犹太人与阿拉伯人融合的困难。犹太人信犹太教,阿拉伯人信伊斯兰教,宗教不同,很难融合为一个宗教民族。与周公同期的中东历史上,征服者对被征服者常常采取灭族的做法。相比起来,周公、周成王的做法有更深的宽容仁爱精神和长远考虑。

【经文十一】

王命周公后,作册逸诰,在十有二月。惟周公诞保文武受命,惟七年。

译文

成王命令周公留在后面治理洛邑。十二月,作册宫逸将诏令诏告天下。成王七年,周公留在洛邑保护文王、武王所受天命。

导读

周公不再担任摄政王,但仍然管理洛邑。周成王按周公准备的名册,任命了各周人和商人官长。至此,周人对东方商人的统治终于有了坚实的基础。

周公是一位以国事为重的人,召公、太公望、周成王,也都是高智慧之人,他们之间的权力关系处理,非常有利于周王朝的根本利益。周王朝能延续近八百年,这是因为周文王、周武王、周公、召公、太公望和周成王建立起了极为良好的政治德性传统。做人做事,以国家利益为主,以组织利益为重,这是一种建立大功业所需要的德性。

第十五讲《多士》

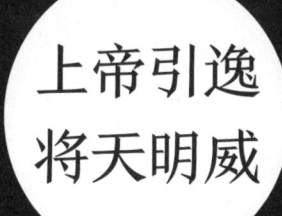

上帝引逸
将天明威

管理者应恩威并施，善于治理人心。

【背景】

《尚书·多士》是西周文献，内容是周公对搬迁到洛邑新都的商遗民贵族的讲话。

商朝灭国后，商遗民有四种命运。

一是周灭商之前就归顺周人的商人贵族，被周封为诸侯。一些商人随被封诸侯就国。例如，商纣王的长兄微子，在牧野之战前就归顺了周武王。周灭商以后，微子被封在宋国。孔子的父系商人祖先，就是随微子去宋国的商人贵族。

二是参与过武庚反叛的商贵族家族，被周公强行迁居至成周洛邑和宗周镐京。

三是多数商人底层平民，仍然居住在原地，被赐予新分封的周人或周人盟友诸侯治理。

四是部分贵族率族人逃往中国东南、东北地区。逃往东北地区的以箕子为代表。

周公平定"三监"和武庚叛乱后，做了一件大事。他把商人降俘组织起来，强制劳役改造，用三年时间建造了周人的洛邑东都新城。至此，周人的统治中心得以从西部宗周东移到东部洛邑。

周公在洛邑部署了约2万人的周八师军队，然后把参与过叛乱的主要商人贵族家族强制迁移到洛邑，就近监督居住。这是周公加强对商遗民控制的重要举措。《尚书·多士》是周公对迁入洛邑居住的商人贵族士人的讲话。理解这个历史背景，我们能更好地把握《尚书·多士》中周公讲话的指向。

【经文一】

惟三月，周公初于新邑洛，用告商王士。王若曰："尔殷遗多士，弗吊旻天，大降丧于殷。我有周佑命，将天明威，致王罚敕，殷命终于帝。肆尔多士！非我小国敢弋殷命。惟天不畀，允罔固乱，弼我，我其敢求位？惟帝不畀，惟我下民秉为，惟天明畏。"

译文

周成王七年三月，周公治理新都洛邑之初，诰令商人士人。王这样说："你们这些殷商遗民众士！上天不再慰吊，降丧亡于商国。我周国佑助天命，奉行上天严明威罚，对商王实施惩罚整治。商国之天命，被上帝终结。你们商国众士，并非我小国敢于篡取商国天命，此乃上天不再赐命商王，要止害禁乱，所以辅助我周国。我们岂敢擅求商王之位呢？是因为上帝不再赐王位给商王，只看下界之人的秉持作为，这是上天严明之威。"

导读

从商朝殷墟甲骨文看，商人崇拜的最高神称为"帝"或"上帝"。"上帝"的权能有令风雨、授丰年、降旱情、授护佑、佑城邑、佑战争、降灾祸等，决定着王权的兴衰。从周人早期周原甲骨文看，周人崇拜的最高神称为"天"。周初周武王、召公、周公等人，都有意把周人之"天"与商人之"帝"混合为一体，指称至上神。这种"天"与"帝"合一的表达法，在本经文中也非常明显。例如，"天降丧于商"，意思是降丧亡于商国；同时又说"商命终于帝"，意思是商国之天命，被上帝所终结。

周公将商朝的覆灭和西周的建立，视为天命转移的结果。王朝的变更，历史的变化，是上帝的介入，是上天的作为，是天命的结果。敬畏上帝者，不得不认命。看来周公深谙商人的宗教心理，用商人的宗教来解释商国覆灭的原因，他们之间有共同的宗教语言。

【经文二】

我闻曰："上帝引逸。"有夏不适逸，则惟帝降格，向于时夏。弗克庸帝，大淫泆有辞。惟时天罔念闻，厥惟废元命，降致罚。乃命尔先祖成汤革夏，俊民甸四方。

译文

我听说："上帝指向民众安乐。"夏王桀不能使民众安乐，上帝在夏地降下天谴示警。但夏王桀不遵循顺从上帝天谴，大大淫乱放荡，言辞亵渎。上天不再顾念问候，直接废除了夏王作为上天长子的天命，将大惩罚降到夏国。于是命令你们先祖成汤革除夏朝天命，任用贤才，治理四方。

导读

为什么上帝要灭除商纣王，终结商王权？周公讲述历史，基本观点是天命有德。上帝厌恶压迫人民的君主，所以当夏王桀任性放纵压迫人民时，上帝就选择商人开国君主汤灭了夏王桀，终结了夏王朝。商人灭夏建国这段历史，是商人的骄傲。同时，商人建国又灭国，商人也会思考背后是什么原因。周公给出了解释，这是德性问题，上天不容失德之君。

"上帝引逸"的句子结构，与十二讲《梓材》中"引养引恬"类似。

【经文三】

自成汤至于帝乙，罔不明德恤祀。亦惟天丕建，保乂有殷，殷王亦罔敢失帝，罔不配天其泽。在今后嗣王，诞罔显于天，矧曰其有听念于先王勤家。诞淫厥泆，罔顾于天显民祗。惟时上帝不保，降若兹大丧。惟天不畀，不明厥德，凡四方小大邦丧，罔非有辞于罚。

译文

从你们先祖成汤到帝乙，没有人不是光明德性、敬重祭祀的。上天建立商国，保佑商国善治有成。众商先王亦不敢丧失敬畏上帝之心，他们没有不是以德配天的，从而享有上天的恩泽。而今后继王纣，不能显荣上天，岂能说他能聆听思念商先哲王是如何勤奋持家的？

他荒淫放任自己，完全不顾为王必须显荣上天、敬重人民。上帝不再保护他，将大丧亡降到商国。这是上天不再赐予他王权，他不能彰明德性，使商国四方大小邦国丧亡，他被惩罚，无任何理由可以推托。

导读

这是对商国的兴起与衰落的原因的解释。商汤、帝乙这些商人先哲王，显荣上天，敬爱人民，所以上帝护佑，国家安定。商纣王不显荣上天，不敬爱百姓，伤害百姓，所以国灭。周公表达了对商人先哲王的敬仰，把商人灭国的原因归于商纣王一人。周公如此赞美商人商汤到帝乙等先哲王，全盘否定商纣王，估计当时在场的多数商人会与周公产生深层共鸣。商人贵族一定明白，这位平定商人叛乱的周公，不仅仅是一位卓越的军事家，也是一位敬重商朝历史成就的政治家，是一位可怕而可敬的征服者。

本段中，有两句原文值得注意，一句是"天显民祇"，其实是"显天祇民"，指上天得以显荣，人民受到敬爱。这是敬天爱人思想的另一种表达方式。还有一句是"惟时上帝不保，降若兹大丧"，意思是这时上帝不保佑，将大丧亡降临到商国，说明国家毁灭的背后，是上帝的天罚。

【经文四】

王若曰："尔殷多士，今惟我周王丕灵承帝事。有命曰：'割殷。告敕于帝。'惟我事不贰适，惟尔王家我适。予其曰惟尔洪无度，我不尔动，自乃邑。予亦念天，即于商大戾，肆不正。"

译文

王这样说："你们商人众士，我们周文王以灵媒大祭司身份承事上帝。上帝有命：'消灭商国。'我在此把我的诏命呈告于上帝，我们周人灭商王的事业中，我们没有两个敌人，只有商王家这个敌人。我说是你们自己大大违反法度，我没有想动你们，是你们自己从都城开始叛乱。我亦想上天已严惩大罪之人（指已诛杀武庚一族），我宽赦你们从犯，不再治你们的罪。"

导读

这段话很重要，首先定位了周文王的地位——周文王是上帝与人之间事奉上帝的大祭司。从殷墟甲骨文中可以知道，商王在世俗社会中的地位是君主，在宗教领域中的地位是主祭者和神意解释者。商王是上帝与人之间的灵媒中介。周公用周文王之灵来代替商王这个角色，是对商王宗教地位的替代。在这个意义上，周王替代商王成为大祭司，负责向天下传达上帝旨意，执行上帝命令。

其次，这段话意在明确告诉商人，周人的敌人是明确的有限的，就是商纣王及叛乱的武庚。现在，主犯已经被消灭，其余从犯一律赦免，不再治罪，这给有过叛乱经历的商人贵族吃了一颗定心丸。相当于新的大祭司受命于天，宣布大赦。

【经文五】

王曰："猷！告尔多士，予惟时其迁居西尔。非我一人奉德不康宁，时惟天命，无违！朕不敢有后，无我怨。惟尔知，惟殷先人有册有典，商革夏命。今尔又曰：'夏迪简在王庭，有服在百僚。'予一人惟听用德，肆予敢求于天邑商，予惟率肆矜尔。非予罪，时惟天命。"

译文

王说："啊！告诉你们商人众士，我要把你们迁居西方。这并非我德性差，不让你们康宁，实在是天命不可违。我只是不敢延缓天命，你们别怨恨我。你们众所周知，商人祖先有册有典，记载着你们商人革除夏朝天命的历史。今天你们又说：'当年商王从夏人中拣选官吏进入朝廷，在百官之中都有服事。'我这人会听从你们的意见，从你们中选用有德之人。我把你们从天邑商召来新都洛邑，也是为了照顾你们。这并非我的罪过，而是天命使然。"

导读

周公在前面讲了要大赦商人，然后说"把你们迁移到洛邑，是为了让你们在朝廷为官"。周公强调自己会遵循商人灭夏时任用夏人旧臣为官的传统，任用大量的商人为官吏。这样一来，周人的新王朝同时也是商人的新王朝，周人和商人将共同建设新国家。

请注意这句话："惟殷先人有册有典，商革夏命。"商人的先人们有书册典章，商人革除了夏人的天命。册和典，指的是木简竹简。显然，商人有历史文献和法典，写在木简竹简上。可惜木简竹简容易朽坏，没有保留下来。商朝留下来的，只有甲骨文和青铜器上的少量铭文。中国历史上的大量历史档案消失，与中国木简竹简这种书写材料难保存有关。

【经文六】

王曰："多士，昔朕来自奄，予大降尔四国民命。我乃明致天罚，移尔遐逖，比事臣我宗多逊。"

王曰："告尔殷多士，今予惟不尔杀，予惟时命有申。今朕作大邑于兹洛，予惟四方罔攸宾，亦惟尔多士攸服奔走，臣我多逊。尔乃尚有尔土，尔用尚宁干止。尔克敬，天惟畀矜尔。尔不克敬，尔不啻不有尔土，予亦致天之罚于尔躬！今尔惟时宅尔邑，继尔居，尔厥有干有年于兹洛。尔小子乃兴，从尔迁。"

王曰："又曰时予，乃或言尔攸居。"

译文

王说："你们商人众士，从前我从奄地回来，对管、蔡、商、奄四国民众（参与过武庚叛乱之地的民众）

广泛下达过命令。我要严明实施天罚,把你们从远方迁徙到此地,让你们事奉臣属于我,顺从我们周人。"

王说:"告诉你们商人众士,今天我不杀你们,只是重申命令。我已在洛地建好大城邑,我不会摒弃四方之人。这也是因为你们众士为事奉我奔走多年,作为我的臣属很恭顺。在这里你们会分配到属于你们自己的土地,永远可以安稳地拥有。你们能持敬奉之心,上天会将安抚赐予你们。你们不能持敬奉之心,不仅不能再拥有土地,我还会将上天之罚降到你们身上。现在你们已住进你们的城邑,你们可以继承你们的居所,在洛邑又能当官又能有粮食收成。随你们迁来的后代小子们,也会兴旺发达起来。"

王说:"再说一句,我这时正好在这里,才来讲讲话,是为了你们能好好安居下来。"

导读

前面周公先讲了天命转移的历史观,上天惟德是从,辅助有德之君,灭除失德之君,一切皆天命。然后讲周国只有一个敌人,对其他商人实施大赦。再讲会给商人做官的机会,给商人土地以发展经济。最后是警告商人,若再叛乱,罪杀不赦。

周公用两年多时间平定了商人叛乱,又用三年时间率领商人俘虏修建了洛邑新城,商人对周公自然充满敬畏。这时候,周公递出一大筐"胡萝卜",以共同的上帝信仰,以对商人先哲王的尊重,以高官厚禄和土地,来收服商人的心。同时又高举大棒，明确告诉商遗民，如果再不敬顺，再行叛乱，会再次遭到无情镇压。周公是一位恩威并施、善于治理人心的政治家。

第十六讲《无逸》

君子无逸
保惠于人

> 享受只能在辛苦之后。享受的必须是过去辛苦的成绩。

【背景】

《尚书·无逸》记录周公告诫周成王要"无逸",不能贪图安逸享乐。《尚书》篇章中,我最喜欢的是《无逸》和《康诰》。如果说《康诰》展现了周公的高智商,那么《无逸》则显示了周公的高情商,周公拥有深度的共情能力。

对《无逸》这篇文献的真实性,学术界没有怀疑。比较主流的看法是,《无逸》内容出自周公,但在春秋时期重新抄写翻译,有一些春秋语言特征。历史上,《无逸》作为贵族教育内容广为传播。

西周王朝初年,是一个封建贵族共和的局面。在中央层面,有周公、召公、太公等贵族相互制衡;在地方上,有十几个大诸侯国相互制衡。同时,周王和周系诸侯还要共同面对商人可能反叛的危机。因此,无论是周王室君王还是各地诸侯君主,普遍有一种居安思危、谨小慎微的特征,在周公身上表现得尤为明显。

周成王十几岁继位为王,周公摄政七年还政于周成王,教导周成王是周公的重要任务。由于周成王本身的素质高,而且有周公、召公和太公这些人的教育和辅佐,所以周成王时期的文治武功都强。对外征伐淮夷,对内确保社会太平。《史记·周本纪》中记载,周成王和他儿子周康王时期,周王朝社会安宁,政治稳定,四十余年没有动用过刑罚。原文是:"故成康之际,天下安宁,刑错四十余年不用。"对于一个征服了比自己人数多数十倍的西周新政权来说，做到四十余年不动刑罚很了不起。

《尚书·无逸》是我最喜欢的《尚书》篇章。有孩子的家庭，可以请人把"无逸"两个字写成书法，挂在家里，随时让孩子看到"无逸"，时刻牢记不可贪图安逸享乐，要学业事业为先，自我克制，努力奋斗！

下面我们评点《无逸》的译文。这个译文是我自己的译文，是在研究了主要的代表性译文后重新翻译的。

【经文一】

周公曰："呜呼！君子所其无逸。先知稼穑之艰难，乃逸，则知小人之依。相小人，厥父母勤劳稼穑，厥子乃不知稼穑之艰难，乃逸乃谚。既诞，否则侮厥父母曰：'昔之人无闻知。'"

译文

周公说："啊！君子在位，不可安逸享乐。要知道，先得有稼穑之艰难，方有安逸的条件，这样才能明白民众依靠的是什么。看那些民众，他们父母勤劳稼穑，他们的儿子却不知稼穑之艰难，安逸享乐，不知恭敬，放肆而无规矩，居然侮辱他们的父母说：'这些老人没眼界没文化。'"

导读

"逸"为多义词，正面意思为安乐，负面意思为享乐。周公认为享受只能在辛苦之后。不是不可以享受，但享受的必须是过去辛苦的成绩。先得有稼穑之艰难，方有安逸的条件。治理民众，一定要知道民众生命的依靠。"稼穑"这两个字，"稼"指耕种，"穑"指收获。小民百姓，总是靠稼穑劳作生活的；王公贵族靠的则是收取赋税、保护社会安宁来生活。小民百姓和王公贵族，两者生命的依靠点是不同的。身为治国者，必须了解小民百姓的依靠。周公还用普通家庭的败家子不知生产艰难、不敬重父母为例来说事，这是在告诫周成王，不要成为那样的败家子。周文王、周武王、周公艰辛打下的江山，不能败在周成王手里。

这一段中，建议大家记住这几句："呜呼！君子所其无逸。先知稼穑之艰难，乃逸，则知小人之依。"

【经文二】

周公曰："呜呼！我闻曰：昔在殷王中宗，严恭寅畏，天命自度，治民祗惧，不敢荒宁。肆中宗之享国七十有五年。其在高宗，时旧劳于外，爰暨小人。作其即位，乃或亮阴，三年不言。其惟不言，言乃雍。不敢荒宁，嘉靖殷邦。至于小大，无时或怨。肆高宗之享国五十年有九年。其在祖甲，不义惟王，旧为小人。作其即位，爰知小人之依，能保惠于庶民，不敢侮鳏寡。肆祖甲之享国三十有三年。自时厥后立王，生则逸，生则逸，不知稼穑之艰难，不闻小人之劳，惟耽乐之从。自时厥后，亦罔或克寿。或十年，或七八年，或五六年，或四三年。"

译文

周公说："啊！我听说过去殷王中宗（指商朝第十四位君主祖乙）严格自律，恭敬有礼，敬畏上天，以天命衡量约束自己，以敬重忧惧之心治理小民百姓，不敢急惰荒淫，所以殷王中宗享国七十五年。殷王高宗（指商朝第二十三位君主武丁）曾在民间劳作，与小民百姓生活在一起。他继位为王后，如同哑巴，三年不说话。他要么不说话，一说出话来，雍容和谐。高宗不敢急惰荒淫，使殷国美好安宁。大大小小之人，无人怨恨他。高宗享国五十九年。殷王祖甲（商朝第二十四任君主）曾是平民，没想到自己会成为殷王。他即位以后，能知平民百姓的依靠，以惠民政策保障平民百姓，不敢侮辱鳏寡无助之人。殷王祖甲享国三十三年。从这以后所立之殷王，生来就安逸享乐。生来安逸享乐，不知稼穑之艰难，不了解小民百姓的辛劳，一味沉溺于享乐之中。这以后，在位殷王很少能安享君位。有的十年，有的七八年，有的五六年，有的三四年。"

导读

这一长段内容，是周公对殷商王朝诸王的一次总结。他赞美了中宗、高宗、祖甲这三位殷王。请大家注意，这三位殷王都是商朝中期的守成之王，周公并没有讲商朝伟大的开国君主商汤。原因是周公是对着周成王讲话。缔造西周国家是周武王、周公这一代人的事情，周成王的任务是守成。所以周公列举的，都是守成的贤明殷王们。

本段建议大家记住以下原文："保惠于庶民，不敢侮鳏寡。"

【经文三】

周公曰："呜呼！厥亦惟我周太王、王季，克自抑畏。文王卑服，即康功田功。徽柔懿恭，怀保小民，惠鲜鳏寡。自朝至于日中昃，不遑暇食，用咸和万民。文王不敢盘于游田，以庶邦惟正之供。文王受命惟中身，厥享国五十年。"

译文

周公说："啊！我周家太王、王季，能自我克制，有敬畏之心。文王身穿平民之服，亲自从事修路种田的工作。他善良温和，对人友爱恭敬，关怀保护小民百姓，施惠于贫困的鳏寡之人。从清晨到中午、下午，常没时间吃顿饭，一心谐和万民。文王不敢享乐于嬉戏游玩和野外围猎，不敢逼迫众邦国贡献以供享受。文王中年受命为君，却能享国五十年。"

导读

周文王是周武王、周公等人的父亲，是周成王的爷爷。从周公这段话中，我们知道周文王会穿着平民的服装，会亲自去修路种田，不太在意为王的身份等级。周文王从早到晚，常常忙得没时间吃饭，看来这与周文王后期频繁的军事行动有关。周文王是一位情商很高的人，尊重人，与人打成一片，对平民百姓很友好，会照顾贫困的鳏寡之人，不会给诸侯盟友增加各种负担。

本段请关注两句话。一句是"文王卑服，即康功田功"。"康功"，指修路。"田功"，指耕田。文王能身穿卑下服装，亲自从事修路耕田工作。看来周文王是一位平易近人、热爱生产劳动、没有架子的君主。还有一句是"怀保小民，惠鲜鳏寡"。关怀保护小民百姓，给贫困鳏寡之人送财物。"惠"，指给财物。"鲜"，指缺少。

【经文四】

周公曰："呜呼！继自今嗣王，则其无淫于观、于逸、于游、于田，以万民惟正之供。无皇曰：'今日耽乐。'乃非民攸训，非天攸若，时人丕则有愆。无若殷王受之迷乱，酗于酒德哉！"

译文

周公说："啊！自今以后继位的君王，不可淫乱于观赏、安逸、游乐和田猎之中，不可加重万民供奉赋税供他享乐。更不能说：'只是今天快乐一下。'这样不能使万民顺从，这样得不到上天护佑，这样做的人就有罪了。不要像商纣王受那样迷乱，沉湎于酗酒败德之中！"

导读

周公讲要以周文王为榜样后,马上讲要以商纣王为教训。周公让周成王学习周文王善待小民,不增加百姓负担。商纣王的教训是酗酒无度,以沉重赋税剥夺民众财富供他自己享乐,这是自找死路。说到底,朝廷与民众的核心关系就是税收关系,一要看税收拿走多少,二要看税收用在什么地方。商纣王的罪恶是,征收的赋税多,且赋税多用到他个人的享乐耗费上。周文王反其道而行之,周文王的优点在于:征收的赋税少,赋税多用于公共服务。

从税收占财富比重的角度看,在任何一个时间点上,财富总量都是一个有限的存量。朝廷多拿,民众就少拿。朝廷少拿,民众就多拿。衡量朝廷好坏,一看税收占财富总量的比重,二看税收用于公共服务和官吏个人耗费的比重。现代社会,除了税收,还要看货币发行量。增发货币,是对全体国民的隐性收税。凡超出GDP增长幅度而增发的货币,都属于货币税。

【经文五】

周公曰:"呜呼!我闻曰:'古之人犹胥训告,胥保惠,胥教诲,民无或胥诪张为幻。'此厥不听,人乃训之,乃变乱先王之正刑,至于小大。民否则厥心违怨,否则厥口诅祝。"

译文

周公说:"啊!我听说:'古代之人能互相告诫,互保互惠，互教互诲，所以老百姓没有互相欺骗，没有互相迷惑。'若君王不听这些告诫，众人以他为榜样，就变法先王之法典，大小贵族官吏都这样做，老百姓心中违逆而有怨恨，嘴上就发出诅咒了。"

导读

周公认为，良好的政治风气是坦诚相待，开展批评与自我批评。广开言路，有利于相互校正。如果堵塞批评言路，就会上下左右相互欺骗，这样百姓就会诅咒君王。凡被百姓怨恨诅咒的君王，都难逃脱商纣王的结局。

【经文】

周公曰："呜呼！自殷王中宗，及高宗，及祖甲，及我周文王，兹四人迪哲。厥或告之曰：'小人怨汝詈汝。'则皇自敬德。厥愆，曰：'朕之愆。'允若时，不啻不敢含怒。此厥不听，人乃或诪张为幻，曰小人怨汝詈汝，则信之，则若时，不永念厥辟，不宽绰厥心，乱罚无罪，杀无辜。怨有同，是丛于厥身。"周公曰："呜呼！嗣王其监于兹。"

【译文六】

周公说："啊！从殷王中宗、高宗、祖甲，到我们的周文王，这四人真有智慧。如果告诉他们说：'老百姓怨恨你咒骂你。'他们就会更加敬慎自己的德性。如果有人指出他们的过错，他们会说：'这确实是我的过错.'这种时候,他们不敢心怀怒气。如果不喜欢听事实,人们就会互相欺骗、互相诈惑。有人骗你说有小人在怨恨你咒骂你,你可能就会相信。如果这样,你就可能不去考虑辟谣,不使自己心胸宽大,可能乱罚无罪之人,乱杀无辜之人。这样一来,民众共同的怨恨就会汇集在你一人身上。"周公说:"啊!继位之王,当以此为鉴!"

导读

这段话讲的是面对批评言论应该采取的态度。正确的态度是面对事实,实事求是。不以愤怒的态度打压批评,只要是事实,一定要承认,改过就是。要诚实,不怕犯错,就怕不诚实,就怕千方百计地掩盖错误。最邪恶的,是为了掩盖罪过乱罚无罪之人,乱杀无辜之人。不诚实,打压真相,就会引来怨恨。我们在讲《康诰》篇的时候,讲过周公的执政原则之一,是"无作怨",做事不要让人怨恨。这是一个很朴实的准则。周公是一位用心良苦、深谋远虑之人。最后这句"继位之王,当以此为鉴!"不仅仅是说给周成王听的,也是说给今后继位的王以及周人和商人听的。周公要借此建立一个人生"无逸"的传统。某种程度上,他算是做到了。中国人勤奋工作,厌恶好吃懒做,周公思想是塑造这种国民性的重要力量。

第十七讲《立政》

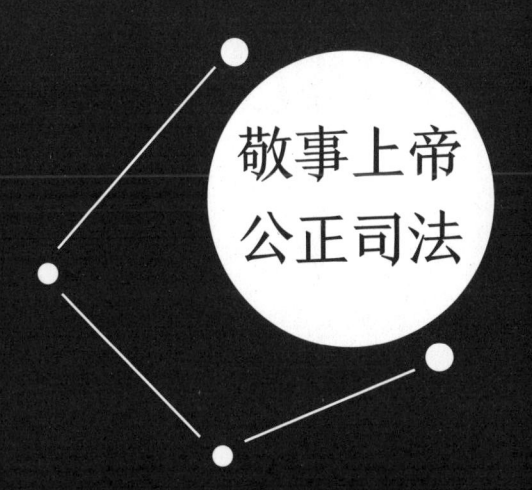

敬事上帝
公正司法

| 任用官吏，必须选择守法之人。

【背景】

周公对周成王的教导和告诫，主要记载在《尚书》中的《洛诰》《无逸》《立政》之中，三篇内容皆为西周史官所记。《立政》，顾名思义，就是建立政制，内容是周公关于朝廷组织制度及官长选拔任用标准的完整的教导。从《立政》中可以看出，周公是西周王朝政治制度与文化的最深入系统的思考者和缔造者。

【经文一】

周公若曰："拜手稽首，告嗣天子王矣。"用咸戒于王曰："王左右常伯、常任、准人、缀衣、虎贲。"

周公曰："呜呼！休兹知恤，鲜哉！古之人迪惟有夏，乃有室大竞，吁俊尊上帝迪，知忱恂于九德之行。乃敢告教厥后曰：'拜手稽首后矣！'曰：'宅乃事，宅乃牧，宅乃准，兹惟后矣。谋面，用丕训德，则乃宅人，兹乃三宅无义民。'桀德惟乃弗，作往任，是惟暴德罔后。

"亦越成汤陟，丕釐上帝之耿命，乃用三有宅，克即宅，曰三有俊，克即俊。严惟丕式，克用三宅三俊，其在商邑，用协于厥邑；其在四方，用丕式见德。

"呜呼！其在受德，暋惟羞刑暴德之人，同于厥邦；乃惟庶习逸德之人，同于厥政。帝钦罚之，乃伻我有夏，式商受命，奄甸万姓。"

译文

周公这样说:"我跪拜叩头,报告继位的天子王。"周公因而劝诫成王说:"王要告诫左右的常伯、常任、准人、缀衣和虎贲。"

周公说:"啊!受赐君位而能忧心者少!古代有夏代君王,王室强盛上进,夏王仍呼召才俊之士,他们尊奉上帝,诚信于九种德性。臣下敢告诫君主说:'我们向您跪拜叩头。'然后说:'任用好事务大臣(常伯),任用好政务大臣(常任),任用好刑狱大臣(准人),这是君主之事。若以貌取人,不考核德性,乱任用人,此三个职务上(事务常伯、政务常任、刑狱准人)就没有正义之人。'夏桀德行拂逆,所任用者,皆德行暴虐之人,这就灭绝无后了。

"到了成汤,登上君位,能按上帝公正之命治理。他选用三大官长,都很能干。三大官长皆才德之人,是因为他按才德标准选人。严格按照规范标准选人,三官之位,必选三位才德之人。在商首都,能使首都内和谐。在四方,按标准和程序来选有德之人。

"啊!商王纣登上帝位,他竟然个性强横,把罪人和行为暴虐之人聚集在国家,任用亲近而德行放荡之人,与他共同治理政事。上帝亲自降下惩罚,使我们占有夏地,灭商接受天命,安抚治理天下万姓。"

导读

周公强调,治理国家,要在政务、军事、行政、司法、宫廷内务、禁卫军等方面选好官员，尤其要在三大职位上选好官长：一位是常伯，相当于政务官；一位是常任，相当于事务官；一位是准人，相当于刑狱司法官。这三位是最重要的大臣。

周朝官制与今天不同，难以一一类比。为便于大家了解，我们勉强用今天中国政治体制的职位制度来解释一下。常伯这样的政务官，相当于中央书记处书记兼国防国安负责人，负责处理政治事务。常任这样的事务官，相当于国务院总理，负责行政事务。准人这样的司法刑狱官，相当于现在的最高法院院长、司法部部长和检察院院长的结合。

李峰先生在《西周的灭亡》一书中，对西周早期的政府组织结构做了详细分析。周王之下有三公，三公分管政务及军队（六师、八师）、行政（卿事寮）还有宗教司法事务（祝、太史），三公职权有分有合。西周初期的三公，召公、周公、姜太公，这是周武王时期就确立下来的。周公在《立政》中强调的三大职位，是三公之下，由三公领导，负责与政务军事、行政及司法有关的执行责任人。

周公提出选人的标准是"俊尊上帝迪，知忱恂于九德之行"，要求才俊之士内心敬畏上帝，行为上遵循"九德"，即九种德性准则。关于"九德"，有的学者认为泛指多种德性，我觉得不妥。"九德"应是确指，只是我们今天不了解具体内容了。"九德"的概念在周公时代可能是贵族的通识，所以周公对"九德"并没有做详细解释。周公的选人标准，可以概括为四个方面：一是有信仰，二是有才华，三是德性好，四是公正执政。后世继承了德才兼备和正大光明的说法，但丢了"尊上帝"这个信仰层面的标准。

周公认为，没有信仰就没有敬畏心，没有敬畏心就难以公正，缺少公正就没有德性。德性、公正、敬畏心与信仰关系密切。

【经文二】

亦越文王、武王，克知三有宅心，灼见三有俊心，以敬事上帝，立民长伯。立政：任人、准夫、牧作三事。虎贲、缀衣、趣马、小尹、左右携仆、百司庶府。大都小伯、艺人、表臣百司、太史、尹伯、庶常吉士。司徒、司马、司空、亚旅。夷、微、卢烝。三亳阪尹。

文王惟克厥宅心，乃克立兹常事司牧人，以克俊有德。文王罔攸兼于庶言；庶狱庶慎，惟有司之牧夫是训用违；庶狱庶慎，文王罔敢知于兹。亦越武王，率惟敉功，不敢替厥义德，率惟谋从容德，以并受此丕丕基。

译文

到了文王、武王，他们能看清政务、事务、刑狱三大职位所需之心，能明白三大职位所需之德，他们以敬事上帝为目标，为民众设立官长。他们设立的政务官职是：任人、准夫、牧，作为政务、司法、民事三大官长。有虎贲、缀衣、趣马、小尹、左右携仆以及百司庶府。有大小邦国君主、艺人，外臣百官。有太史、尹伯、庶常、吉士。诸侯国官员有司徒、司马、司空、亚旅。夷、微、卢各国设有君主，还设立了旧商都和旧夏都管理官。

文王善于考察各职位所需之心，能设立这些职位的常态职责，选用官长，能确保有才德之人在位。文王不兼管法典之官、狱讼之官和情讯之官的审判事务，全由这些部门主管自主决定，只检查他们是遵从还是违背法典。刑狱、情讯之事，文王不敢去过问干预。到了武王，遵循文王抚治万民之功业，不敢替换文王正义之德，谋求顺从文王宽容之德，承受此周国基业。

导读

本段有两点很重要。第一是"敬事上帝"，第二是"司法独立"。周公表示，周文王、周武王设立官职、任用长官有一个准则，即"敬事上帝"，以对上帝的敬畏和事奉为准则。西周初年，有关于上帝的政治神学共识。周公说"敬事上帝"，别人明白具体所指的内容。

我把这句重要的译文重复一遍："文王不兼管法典之官、狱讼之官和情讯之官的审判事务，全由这些部门主管自主决定，只检查他们是遵从还是违背法典。刑狱、情讯之事，文王不敢去过问干预。"周公强调，司法刑狱是专业之事，应依法断案。一旦选择了司法官，君主就不能再去干预司法。这是中国最早强调司法独立审判的传统渊源。

【经文三】

呜呼！孺子王矣！继自今我其立政。立事、准人、牧夫，我其克灼知厥若，丕乃俾乱；相我受民，和我庶狱庶慎。时则勿有间之，自一话一言。我则末惟成德之彦，以乂我受民。呜呼！予旦已受人之徽言咸告孺子王矣。继自今文子文孙，其勿误于庶狱庶慎，惟正是乂之。

自古商人亦越我周文王立政，立事、牧夫、准人，则克宅之，克由绎之，兹乃俾乂，国则罔有。立政用憸人，不训于德，是罔显在厥世。继自今立政，其勿以憸人，其惟吉士，用劢相我国家。今文子文孙，孺子王矣！其勿误于庶狱，惟有司之牧夫。

译文

啊！年轻的你已是君主了。从今以后，我们这样设立政体：设立负责政务的立事，负责刑狱的准人，负责民事的牧夫。我们必须了解他们的才德，才能让他们治理政事，管理民事，治理各种狱讼和情讯事务。任何时候都不要去违法干预，哪怕一话一言都不允许。我们唯有依靠能建立德业的才俊之士，来治理我们从殷商接受下来的民众。啊！我姬旦已将前人所教之诫言，都告诉你这位年轻之王了。从今以后文王子孙，不可在刑狱和情讯上乱干预，造成失误，唯有用正义来治理。

从古代商人贤王，到我们文王建立政体，都设立了

"立事""牧夫"和"准人",妥善考核和任用他们,让他们放手工作,这样才能成功治理事务。没有一个国家要建立良好政治会任用迎合贪利、不顺德性准则的人,这样君王不可能显荣于世。自今以后,建立政治,不能用迎合贪利之人,只能选择贤德之士,让他们勤奋治理我们国家。从今以后,文王之子孙、年轻的王啊,不可失误于干预刑狱,要完全交由刑狱部门负责人去处理。

导读

本段通篇讲不允许君主任性干预司法刑狱。君主只能管大的方面,即检查司法官员们能否依法审判,不能自己直接去干预审判的过程。君主只能是司法审判的外部监督者,不能是司法审判的内部决定者,要让审判官依法独立审判。

司法审判不受君主干预,司法独立,这背后有一个思想,那就是法律的原则高于君主的意志。君主意志非法律之源,法律之源高于君主意志,思想上就需要有一个高于君主意志的依托。在周公时代,这个问题很清楚,即周公常说的上天和天命,《尚书》的思想依托:天命论。没有天命论,没有超越君主意志的天命信仰,没有法源于天的法学信仰,就没有司法独立的可能性。我们可以对比一下周公法学观和秦始皇法学观。从秦始皇留下的六个石刻文中可以看到,秦始皇自称皇帝,并将法的来源归源于皇帝自己。例如,立于公元前219年的秦始皇琅琊石刻文"皇帝作始,端平法度,万物之纪"，意思是皇帝创始，建立公平法度，万物之纪律。在秦始皇这种皇帝法学观下是不可能有司法独立的，因为所谓司法，不过是皇帝意志的表达，皇帝意志高于法律。周公要求周成王不能干预司法审判的法学观，就是周制的法学观，本质是天命论的法学观。君主是朝廷最高权力者，但君主受制于天命和法律。在这个意义上，没有超越君权的宗教信仰，例如周公天命论，就不可能有司法独立。秦始皇的法学观是皇帝论的法学观，法律只是君主意志的工具。这样一来，君主可遵法可变法，一切由君主之心而定，没有任何法的力量可以约束君主。

【经文四】

其克诘尔戎兵以陟禹之迹，方行天下，至于海表，罔有不服。以觐文王之耿光，以扬武王之大烈。

译文

要整顿好军队，准备好武器，使我国军事力量抵达大禹到过的地方。要遍往天下，到达大海的边上，天下不能有不臣服于我们的力量，以显示文王之光辉，以弘扬武王的壮烈事业。

导读

大家看得出来，周公是一位坚定的征服者。他不仅征服了商王朝，还要求扩大征服的范围。周公认为，凡大禹到过的地方，都应纳入周王朝的征服之下。

我们从中可以看出孔子与周公的一个重要区别：孔子以传承周公之道为使命，但孔子没有周公这种征服世界的心态。周公这种征服世界的心态与宗教使命感有关。《诗经·文王》中有诗句："周虽旧邦，其命维新。"周虽旧国，天降大使命，维新世界。

【经文五】

"呜呼！继自今后王立政，其惟克用常人。"周公若曰："太史！司寇苏公式敬尔由狱，以长我王国。兹式有慎，以列用中罚。"

译文

"啊！从今以后，君王建立政治，只能任用严守国家常法之人。"周公说："太史、司寇苏公，请敬重你们的司法刑狱，以使我国长治久安。执法要慎重，使惩罚符合传统案例。"

导读

任用官吏，必须选择守法之人。周文王是天命的接受者，对天命的敬畏，会包含对周文王以来表现在历史传统中的天命的敬畏。在司法上，则表现为对传统案例的遵从。现在发现的西周青铜器铭文中，有不少记载的是司法案例。将判例铸入青铜器铭文中，就是为了建立判例的传统。遵循案例，有利于建立稳定的、权威的法律传统。

第十八讲《多方》

明德慎罚
享天之命

> 共享天命的前提，是承担起共同的责任。

【背景】

《尚书·多方》是西周初期的历史文献,内容是周公对殷遗民贵族们的威胁和警告。讲话时间大约在公元前1045年,这是周公摄政第三年,周公平定"三监"及武庚之乱后的第一年。

《尚书·多方》的基本内容与《尚书·多士》的基本内容相同,两者都是周公对殷遗民贵族的训话。只是《尚书·多士》时间在前,地点在洛邑成周,《尚书·多方》时间在后,讲话地点在镐京宗周。从口气上看,《尚书·多方》要严厉得多。《尚书·多士》仍以劝诫鼓励为主,《尚书·多方》则以警告威吓为主。通过比较这两篇,我们能明显感受到,周公既会循循善诱,也会威胁恐吓。

从秦王朝统一中国,到汉武帝再次加强秦制,中央集权得以完整建立起来。中央集权下的君主们对周公之道是有忌惮的。他们担心周公之道的贵族共担天命的信仰会对自己的权力造成思想约束,进而不喜欢周公的贵族共和封建制,不喜欢贵族间的相互制衡,不喜欢多元的邦国体系,也不喜欢司法独立等。但我们现在重新研究周公之道,会发现周公之道比秦始皇之道更接近人类的现代性思想。就中国思想史来看,古老的反而是更接近现代的。

【经文一】

惟五月丁亥,王来自奄,至于宗周。

周公曰："王若曰：猷！告尔四国多方，惟尔殷侯尹民，我惟大降尔命，尔罔不知。洪惟天之命，弗永寅念于祀，惟帝降格于夏。有夏诞厥逸，不肯慼言于民，乃大淫昏，不克终日劝于帝之迪，乃尔攸闻。厥图帝之命，不克开于民之丽，乃大降罚，崇乱有夏。因甲于内乱，不克灵承于旅；罔丕惟进之恭，洪舒于民。亦惟有夏之民叨懫日钦，劓割夏邑。天惟时求民主，乃大降显休命于成汤，刑殄有夏。"

译文

五月丁亥日，王（指周公）从奄地返回，回到宗周。

王这样说："啊！告诉你们众邦国诸侯，以及你们殷人诸侯与治民的长官，我有大政令向你们颁布，你们不可不知。夏桀以天命自傲，不常重视祭祀，上帝降命隔断夏国。夏桀放荡逸乐，不肯体恤民众，大为荒淫昏乱，不愿花一天时间去勉力执行上帝之法，这些你们应当都听说过。夏桀以上帝之命自傲，使民众无所依靠，上帝降下大惩罚，使夏国败乱。夏桀狎昵淫乱于内人，不能心系民众苦难，不能恭敬上帝，不能舒缓民众负担，使夏人日趋贪婪暴戾，伤残了夏国。于是，上帝重新寻求治民之君主，乃大降天命于成汤，起兵消灭了夏国。"

导读

《多方》这段话，几乎是《尚书·多士》思想的重复，只是文字表达方式不一样。周公仍然是复盘历史，分析成汤取代夏桀，殷朝取代夏朝的原因。这个原因就是德性，看君王是否具有敬畏上天、爱护民众的德性。周公将王朝更替的原因归于上帝的安排，归于天命的转移。有德者被上天所选，所以得天下；无德者被上帝惩罚，所以失天下。这是典型的君权天授观念。

【经文二】

"惟天不畀纯，乃惟以尔多方之义民不克永于多享；惟夏之恭多士，大不克明保享于民，乃胥惟虐于民，至于百为，大不克开。乃惟成汤克以尔多方简，代夏作民主。慎厥丽，乃劝；厥民刑，用劝；以至于帝乙，罔不明德慎罚，亦克用劝；要囚殄戮多罪，亦克用劝；开释无辜，亦克用劝。今至于尔辟，弗克以尔多方享天之命，呜呼！"王若曰："诰告尔多方，非天庸释有夏，非天庸释有殷。乃惟尔辟以尔多方大淫，图天之命屑有辞。乃惟有夏图厥政，不集于享，天降时丧，有邦间之。乃惟尔商后王逸厥逸，图厥政不蠲烝，天惟降时丧。

译文

"上天之所以不再把天命赐予夏国，是因为夏国众多诸侯不能治理好民众，不能再享有天命。夏国众多卿士，不是爱护民众，而是虐待民众，以至于百般行恶，自然不能解民之困。因此成汤和殷众诸侯被上天拣选，代替夏桀，成为夏民之主人。敬慎对待民众困苦，民众就会被劝励。敬慎动用刑罚，民众也会被劝励。

从成汤到帝乙，没有不明德慎罚（彰明德政，敬慎刑罚）的，自能勉励民众。囚禁和杀戮多罪之人，自能勉励民众。释放无辜之人，自能勉励民众。但今天到你们君主纣，却不懂如何与你们众诸侯共享天命。唉！"

王这样说："诰令你们多方诸侯，并非上天一定要抛弃夏国，也并非上天一定要抛弃殷国。这完全是因为你们君主和你们众诸侯大行淫乱，依仗有天命而轻视上天之言。君王谋划政事，不再向上天献祭，上天降下丧乱，各邦国也因此分裂。这一切皆因为殷王放纵安逸享乐又放纵安逸享乐，执政不能敬重民众，上天才降下丧亡。

导读

周公不仅指责夏桀失德，毁了夏国，也指责夏朝的诸侯贵族们失德，与夏桀一起毁了夏国；不仅指责商纣王失德，毁了殷国，也指责殷人诸侯贵族们失德，与商纣王一起毁了殷国。《尚书·多士》中没有指责商朝贵族们，其指责的对象只是夏桀和商纣王两位亡国之君；《多方》指责的对象则是商人贵族们，因为他们中有人参与了武庚叛乱，周公对他们发出了威慑。

究其原因，显然是商遗民贵族们在配合周公执政上没有做到位，周公对此有所不满，要警告他们，所以周公在解释夏朝、商朝灭亡的原因上，把亡国贵族们的责任也加了进去，指明他们的失职是国家失败的重大原因。

本段的重点,是提出了"共享天命"的概念,原文是"享天之命"。既然是"共享天命",就得共担天命。周公传达的信息很明确:如果殷人贵族们还想与周王室共享天命,就必须承担起共同的责任。

【经文三】

惟圣罔念,作狂;惟狂克念,作圣。天惟五年须暇之子孙,诞作民主,罔可念听。天惟求尔多方,大动以威,开厥顾天;惟尔多方,罔堪顾之。惟我周王灵承于旅,克堪用德,惟典神天。天惟式教我用休,简畀殷命,尹尔多方。

译文

圣明之人不顾念上天和民众,也会变成狂妄之人。狂妄之人顾念上天和民众,也能成为圣明之人。上天给殷诸侯子孙五年时间,看看他们能否继续成为殷民之主人来治理殷民,看看他们能否顾念天命而听从周国。上天要求你们殷人众诸侯,对你们大动威罚,就是要你们顾念顺从天命。但是,你们众诸侯并没有顾念天命。因为我们周王能够承顺于天,以德配天,所以能主持上天祭祀。上天以征兆教导我们周王,赐福我们周国,拣选我们周国,将殷国过去享有之天命转赐给我们周国,由我们治理你们多方诸侯。

导读

这段内容很清楚，一是讲周人获得天命灭除商朝的神学合法性，二是指责商贵族中不认命的行为。周人灭除商国后，封商纣王儿子武庚为诸侯君主，保有商人旧都城朝歌，对商贵族是宽容的。所以周公说："上天给了殷诸侯子孙五年时间，看看他们能否继续成为殷民之主人来治理殷民，看看他们能否顾念天命而听从周国。""三监"之乱中，武庚商人贵族跟随武庚起兵反叛，被周公东征镇压。周公强行将反叛贵族迁到洛邑和镐京居住，仍然由他们管理商遗民，但时常有不够配合的事件发生。周公要求商人认清形势，服从统治。

【经文四】

"今我曷敢多诰？我惟大降尔四国民命。尔曷不忱裕之于尔多方？尔曷不夹介乂我周王享天之命？今尔尚宅尔宅，畋尔田，尔曷不惠王熙天之命？尔乃迪屡不静，尔心未爱。尔乃不大宅天命，尔乃屑播天命，尔乃自作不典，图忱于正。我惟时其教告之，我惟时其战要囚之，至于再，至于三。乃有不用我降尔命，我乃其大罚殛之！非我有周秉德不康宁，乃惟尔自速辜！"

译文

"今天不是我愿意频繁下达诰令。我必须让政令通达你们四国。你们为什么不把诰令布告四方之民？你们为何不与我们周王一起共享天命呢？今天你们有自己的宅子，有自己的田地，你们为什么不以此作为周王所得天命之恩赐呢？你们屡次不安分，仍然不对周国友爱。你们仍不认天命，不屑于传播天命，自己的行为违背法典，还自以为诚实于正道。我严肃正告你们，必要时我会囚禁不法之徒，一而再、再而三不改正，屡不遵循政令的，我将实施大惩罚，杀掉他们。这并非我周国德性不康宁，而是你们自找罪受，死有余辜。"

导读

这是严厉警告。周公告诉商人贵族们，说你们享有土地，过上安稳生活，这是与周人共享天命。如果再不安分，仍要叛乱，不配合周王朝廷法令，就不能再与周人共享天命，周公会实施惩罚，大开杀戒。这是明确的暴力威慑。

【经文五】

王曰："呜呼！猷告尔有方多士暨殷多士。今尔奔走臣我监五祀，越惟有胥伯小大多正，尔罔不克臬。自作不和，尔惟和哉；尔室不睦，尔惟和哉；尔邑克明，尔惟克勤乃事。尔尚不忌于凶德，亦则以穆穆在乃位，克阅于乃邑谋介。尔乃自时洛邑，尚永力畋尔田，天惟畀矜尔，我有周惟其大介赉尔，迪简在王庭。尚尔事，有服在大僚。"

译文

王这样说:"告诉你们各国诸侯众士以及你们殷人众士,今天你们臣服和奔走事奉我派出的监官,已有五年之久。赋税征收及大小政务,你们都没有不依法落实的。有不和平的现象,你们能自己解决。家庭有不和睦的,你们能和睦起来。要治理好你们的城邑,你们就得勤奋做事。不要害怕那些德行凶暴之人,你们可以安稳在你们的官位上,好好规划你们城邑的治理。你们在洛邑的,要永远力耕田地,上天会赐福和怜悯你们,我周国也会大大赏赐你们,并从你们中选拔人才进入周王朝廷任职。做好你们的事,你们就可以在大官僚层面任职。"

导读

这段话很有意思。在上一段赤裸裸地进行暴力威慑后,周公在本段转入安抚。他肯定商人贵族们五年来对商人的治理有功,使商人服从国家赋税的征调,遵从国家法令,保有基本安定。肯定完毕,周公继续用土地和官位来笼络商人贵族,承诺要更多地从他们中间提拔人才进入周朝廷高官序列,动员他们一起对付商人中的叛逆凶暴之人。

【经文】

王曰:"呜呼!多士,尔不克劝忱我命,尔亦则惟不克享,凡民惟曰不享。尔乃惟逸惟颇,大远王命,则惟尔多方探天之威，我则致天之罚，离逖尔土。"

王曰："我不惟多诰，我惟祗告尔命。"又曰："时惟尔初，不克敬于和，则无我怨。"

【译文六】

王说："啊！你们诸士，如果你们不能勉力信从王命，你们就不能再享有已有的一切，你们下面的民众也因此不能再享有已有的一切。若你们放逸自己，行为偏颇，大大远离王命，你们殷人诸侯一定要来再探试上天之威，我就致天之罚，让你们远离你们的土地。"

王说："我不再多下诰令，我只是敬告你们要顺从天命。"又说："当下是你们重新开始的机会，如果你们再不敬顺和睦，今后就不要再怨恨我。"

导读

周公安抚完毕，再次以严厉威胁和警告收尾。强调如果商遗民贵族和平民不配合，将被剥夺一切，包括土地、财富和生命。周公深明统治之道，面对商人贵族，他恩威并施，刑德并用，挫败了商贵族任何可能再反叛的苗头。

周公是政治心理学大师。一开始他讲夏朝历史，讲殷革夏命，讲商朝替代夏朝历史的政治神学合法性，这是对商遗民贵族的心理安抚，同时也为周革商命建立了天命转移的理论逻辑。在解释夏朝、商朝覆灭的历史原因时，除了指责夏王和商王失德之外，也指责贵族们同流合污，没有承担起国家责任。周公向应当承担历史罪过的商遗民贵族发出了严厉的威胁警告。威胁警告之后，周公又进入安抚阶段，承诺给商人贵族土地和官职，与周人共享天命，共建新国家。安抚过后，周公再次严厉警告威胁，强调如果他们再不好好配合，会被剥夺一切。从土地到生命，都将被剥夺干净。本篇讲话的结构特征，是"安抚—威胁—再安抚—再威胁"。

面对被征服的商人，周公把"胡萝卜加大棒"的策略用到了极致。商人遇到这么一位智商高、情商高、恩威两手硬的新统治者，复国的希望彻底破灭，最终选择与周人融合，共享天命。

《诗经·文王》上说："周虽旧邦，其命维新。"周国虽是旧国，但全新的天命降临周国，要求周国维新世界。周人确实做到了"其命维新"，建立了新国家，与商人融合成为一个新民族，开创了中国历史上时间最长的王朝，奠定了中国文化的基础。这个历史进程中，周公起了至关重要的作用。

原文之中，希望大家记住八个字："明德慎罚"和"享天之命"。"明德慎罚"，指执政治国，治理天下，要以德政为主，以助人为主。"慎罚"，指在惩罚上，要慎重小心，要正大光明，合理合法。"享天之命"，指共享天命，共同享有上天所赐的这个新国家的好处，但也要共同承担起对这个新国家的责任。做人做事，尤其是管理者，如果能做到"明德慎罚"和"享天之命"，就是至高境界。

第十九讲《顾命》

敬忌天威
协和四方

> 目标远大，严守德法，克制自己，方有大成就。

【背景】

《尚书·顾命》是西周文献，记载周成王给顾命诸侯和众臣的临终遗言及周康王登基为王的仪式。"顾"，就是看顾。"顾命"，即看顾继承人的诏命。"顾命"后来成了老君王去世前，向重臣安排新王继位遗诏的特别用语。

《史记·周本纪》记载：成王将去世，担忧太子钊难以承担为王大任，诏命召公、毕公率众诸侯一起辅佐太子，立太子为君王。周成王去世后，召公、毕公率领众诸侯，让太子钊在先王庙朝见众诸侯，向太子钊声明文王、武王之王业来之不易，务必要为政节俭，不能多欲望，要以诚信执政，于是作了这篇《顾命》。

《史记·周本纪》原文简明，兹引如下："成王将崩，惧太子钊之不任，乃命召公、毕公率诸侯以相太子而立之。成王既崩，二公率诸侯，以太子钊见于先王庙，申告以文王、武王之所以为王业之不易，务在节俭，毋多欲，以笃信临之，作顾命。"

周王朝的开国史是一部壮观的征服史，是一部智慧的治国史，也是一部新文明的开创史。《诗经》上说："周虽旧邦，其命维新。"周国虽是古老之国，但新天命降临周国，要周国维新世界。周王朝确实是"其命维新"，开创了中国第一个成熟的政治社会制度，创建了周朝封建制度和贵族共和的多元邦国体系。周王朝时期，是中国伟大的思想家群体——西周周公等人及东周诸子百家涌现的时期，深刻塑造了中国人的思想方式。

周成王年少继位，遇上了"三监"和武庚之乱，有周公、召公、姜太公等人扶持，得以保全王位。再加上周公、召公等开国元勋们教导有方，周成王继位后，文治武功皆有成就：文治上，周成王谨遵周文王、周武王、周公之道，清静守法，无为而治，社会繁荣安定；武功上，周成王对东夷叛乱武力征伐，取得重大胜利，巩固了周王朝的统治。

公元前1021年，周成王去世。去世之前，他召来召公、毕公等顾命重臣交代后事，安排太子钊继位为周王，嘱付召公等大臣要教导新王克制欲望，不要增加民众赋税。

西周初年，周成王和周康王执政皆谨小慎微，保持低赋税政策，不敢增加诸侯及民众负担，开创了中国史书记载的第一个盛世——"成康之治"。

《史记·周本纪》记载："故成康之际，天下安宁，刑错四十余年不用。"说的就是周朝成康之际，天下安宁，有四十余年没动刑罚。这就是太平盛世。

本讲除了分析政治思想外，还希望大家注意周康王登基的仪式细节，这是详细的历史记录，有助于我们了解西周初年的礼乐文化。西周初年，登基仪式简朴，这与召公、周公、周成王吸取商纣王教训，为政简易，不愿增加社会负担的执政思想有关。

【经文一】

惟四月，哉生魄，王不怿。甲子，王乃洮颒水。相被冕服，凭玉几。乃同召太保奭、芮伯、彤伯、毕公、卫侯、毛公、师氏、虎臣、百尹、御事。

王曰："呜呼！疾大渐，惟几，病日臻。既弥留，恐不获誓言嗣，兹予审训命汝。昔君文王、武王宣重光，奠丽陈教，则肄肄不违，用克达殷集大命。在后之侗，敬迓天威，嗣守文、武大训，无敢昏逾。今天降疾，殆弗兴弗悟。尔尚明时朕言，用敬保元子钊弘济于艰难，柔远能迩，安劝小大庶邦。思夫人自乱于威仪。尔无以钊冒贡于非几。"

译文

四月，月亮新出，周成王病情加重，甚感不适。甲子这天，成王沐发洗手，太仆给王戴上王冠，披上朝服，王靠着玉几，同时召见太保奭、芮伯、彤伯、毕公、卫侯、毛公、师氏、虎臣、众长官以及办事官。

王说："啊！我疾病加重，很危险，已到弥留之际。我担忧仓促间不能讲明继位誓言，所以我现在审慎告诉你们。昔日我们君主文王、武王的光明照耀历史，他们奠定法令，展开德教，自我检查，不敢违法逆德，终于能灭除殷国，集天命于我周国。我这不成器的继位君王，我以敬畏之心，迎接上天之威命。我继承并坚守文王、武王的伟大遗训，不敢昏乱逾越。今天上天降下疾病，不能再康复清醒。你们要了解我的遗言，敬慎保护我长子钊安全渡过艰难时刻。能怀柔远者，安宁近者，使大小众邦国能勉力稳定。要使他自我克制以树立威望，不能征收过多贡赋，使自己聚敛无度。"

导读

关于这段文字，我有以下六个方面的思考。

1. 参与周成王临终安排的顾命大臣人数很多，除召公、毕公这样的周国开国大贵族外，中下层官吏也参加了。周成王要大家共同来见证这一时刻。原文用的"同召"，就是"一同召来"的意思。周成王用这种"同召"的办法很好，这样他的遗诏就能公开透明，朝廷上下人人皆知。后世许多君王忘了周成王"同召"顾命众臣的传统，没有把周成王的"同召"方式转化为国家传位制度，往往只是在自己亲信的权臣小圈中传达遗诏，这很容易被身边的权臣控制和利用，引出许多宫廷黑暗政治冲突。好的做法不能只停留在临时的政策层面，要使之制度化，这样才能建立起好传统。

2. 周成王去世前，周王朝开国功勋贵族中许多老人还在，例如召公、毕公等。召公身居太保，在西周初年与太师姜太公、太傅周公并为三公，是周武王以下最重要的大贵族之一。召公是周成王顾命大臣中的领袖，负责主持了周康王继位仪式。

3. 周成王弥留之际，头脑相当清醒。他讲了周文王、周武王的传统。我们要注意一点，这时候周公已经去世，周成王讲话中没有提到周公。周公功勋卓著，周成王为什么不提周公呢？一是周公只是当过摄政王，代周成王执政，不属于王系；二是周公摄政七年还政于周成王，经常教导周成王，周成王对周公的感情似乎是敬畏而不亲近。周成王亲近的，主要是召公。我们从《尚书·金縢》中可以看出，召公、姜太公、周成王三人曾与周公有些矛盾。赞美周文王、周武王传统，可绕开召公、周公曾有过的一些政治纠结。

4. 周成王对周文王、周武王的评价如下："昔日我们君主文王、武王的光明照耀历史，他们奠定律法，展开德教，自我检查，不敢违法逆德，终于能灭除殷国，集天命于我周国。"周文王和周武王的伟大，在于他们能奠定律法，展开德教。请注意，这里强调了文武之道的"法律"和"德性"两个方面。而且，文王、武王的伟大，在于他们能克制自己，反省检查自己，使自己不违背法律和德性准则，这才成就了灭商的伟业。目标远大，严守德法，克制自己，方有大成就。

5. 讲完周文王、周武王律法与德性的双重成就之后，周成王开始总结自己。内容是自己谨遵周文王、周武王的优良传统，不敢逾越。他认为自己是一位小心谨慎的守成之君："我以敬畏之心，迎接上天之威命。我继承并坚守文王、武王的伟大遗训，不敢昏乱逾越。"伟大的先王开创大业，我就坚守他们的传统。西汉宰相曹参的萧规曹随，学的正是周成王的谨慎守成。

6. 周成王讲完周文王、周武王的传统，又讲完自己只是坚守文武之道执政，最后对周康王及诸多顾命诸侯、大臣提出了要求。周成王的要求非常简朴：克制自己，不要增加贡赋。《史记·周本纪》中记载，《顾命》

的中心思想，就是告诫周康王要"务在节俭，毋多欲"。君主不节俭，欲望多，折腾多，必然会增调人力物力，多征贡赋，增加诸侯及民众负担，这不是好朝廷的作为。执政好坏，本质是看贡赋，看朝廷与民众的财富分配。周成王生于艰难，长于动荡，他见多识广，他的临终遗言，就是要求周康王和众顾命众臣要坚守文王、武王的好传统好制度，不折腾，低贡赋，强调贡赋取之有度的问题。这是深入浅出的大智慧。国家治理，看似复杂，其实本质就只是贡赋问题而已。赋税分配，不仅是财富分配，也是权力分配。高赋税，意味着财富和权力向朝廷集中，意味着朝廷多事折腾；低赋税，意味着财富和权利分散到民众，百姓有更多财务自由和事业自主，意味着朝廷不多事，清静守法，天下百姓负担轻。

【经文二】

兹既受命，还出缀衣于庭。越翼日乙丑，王崩。太保命仲桓、南宫毛俾爰齐侯吕伋，以二干戈、虎贲百人逆子钊于南门之外。延入翼室，恤宅宗。丁卯，命作册度。

越七日癸酉，伯相命士须材。狄设黼扆、缀衣。牖间南向，敷重篾席，黼纯，华玉，仍几。西序东向，敷重厎席，缀纯，文贝，仍几。东序西向，敷重丰席，画纯，雕玉，仍几。西夹南向，敷重笋席，玄纷纯，漆，仍几。越玉五重，陈宝，赤刀、大训、弘璧、琬琰、在西序。大玉、夷玉、天球、河图，在东序。胤之舞衣、大贝、鼖鼓，在西房；兑之戈、和之弓、垂之竹矢，在东房。大辂在宾阶面，缀辂在阼阶面，先辂在左塾之前，次辂在右塾之前。

二人雀弁，执惠，立于毕门之内。四人綦弁，执戈上刃，夹两阶戺。一人冕，执刘，立于东堂，一人冕，执钺，立于西堂。一人冕，执戣，立于东垂。一人冕，执瞿，立于西垂。一人冕，执锐，立于侧阶。

译文

成王下达旨命后，太仆帮他换下朝服，返回寝宫。第二天乙丑日，成王驾崩。太保召公命令仲桓和南宫毛跟从齐侯吕伋，二人各持干戈，率领虎贲勇士百名，在南门外迎接太子钊。请太子钊进入侧室，做忧居的主人。丁卯这天，太保召公命令制作诏命之册。

第七天癸酉，召公命令士人布置各种器材。狄人陈设斧纹屏风和朝服。门窗朝南位置，铺设双层竹席，饰有黑白丝织花边，陈设彩玉几案。在西墙朝东位置，铺设双层细竹篾席，饰有彩色花边，陈设花贝壳装饰的几案。在东墙朝西的位置，铺设双层莞席，绘有云气花边，陈设雕玉几案。在堂西边夹室朝南的位置，铺设双层青竹篾席，饰有黑丝绳花边，陈设漆器几案。陈设越地之玉五种，宝刀之玉、赤刀之玉、大训之玉、大璧之玉、琬琰之玉，陈列在西墙向东席前。夏地所产大玉，东夷所产夷玉，以及天球、河图玉，陈列在东墙向西席前。胤制作的舞衣、大贝壳、大军鼓，陈列在西房。兑制作的戈、和制作的弓、垂制作的竹矢，陈列在东房。王的玉车放置在宾客们所走的台阶前，金车放置在主人走的台阶前，象车放在门左侧堂屋的前面，木车放在门右侧堂屋的前面。

两名武士头戴赤黑色礼帽，手执三锋戟，站在祖庙门里边。四名武士头戴青黑色礼帽，手执戈，戈刃向前，夹着台阶，面对面站在台阶两旁。大夫一人头戴礼帽，持大斧，站立东堂前面。大夫一人头戴礼帽，持大斧，站立西堂前面。大夫一人头戴礼帽，持三锋戟，站立在东堂外边。大夫一人头戴礼帽，持三锋戟，站立西堂外。大夫一人头戴礼帽，手持锐矛，站立北堂北面台阶上。

导读

本段没有思想观念的东西，只描写了细致的仪式流程，重在记录事实细节。西周王国是礼教之国，是礼乐文明之国，但西周的礼制是什么样子的呢？现在流传的有三部重要的礼书文献，一部是《仪礼》，一部是《周礼》，一部是《礼记》。但这三部礼书中都有后人窜入的内容。此外，考古发现的器物陈列，也能让我们看到西周礼制的一些层面。这篇《顾命》，是目前发现的西周最初的登基礼的文献记录。从内容看，流程不复杂，简易朴实。

任何一个民族的文化，都有关于仪式的设定。中国古代有丰富的仪式传统，生活是有仪式感的。但近代以来，中国的传统文化及仪式逐渐被废弃。现在放眼世界比较，最有仪式感的是有自己主流宗教信仰的民族和国家。无论是犹太教、基督教、印度教、伊斯兰教，都充满仪式感，中国人似乎成了今天世界上最缺少仪式文化的一个族群。中国迄今没有自己富有价值内涵的生日礼、成年礼、婚礼和葬礼，中国传统节日中的价值内涵和仪式也日渐消失，这些都是需要在未来逐渐重新建立的。

许多思想和价值传统，作为一种内涵融入仪式里，通过仪式传导到日常生活的方方面面，成为人们的生活习惯。不能转化成生活仪式的思想或价值，往往是飘动在头脑中的观念，并非行为规范的元素。周虽旧邦，其命惟新。面对未来，中国应有新的文化和仪式的创造，应有新的礼乐文明。

【经文三】

王麻冕黼裳，由宾阶隮。卿士邦君麻冕蚁裳，入即位。太保、太史、太宗皆麻冕彤裳。太保承介圭，上宗奉同瑁，由阼阶隮。太史秉书，由宾阶隮，御王册命。曰："皇后凭玉几，道扬末命，命汝嗣训，临君周邦，率循大卞，燮和天下，用答扬文、武之光训。"王再拜，兴，答曰："眇眇予末小子，其能而乱四方以敬忌天威。"乃受同瑁，王三宿，三祭，三咤。上宗曰："飨！"太保受同，降，盥，以异同秉璋以酢。授宗人同，拜。

王答拜。太保受同，祭，哜，宅，授宗人同，拜。王答拜。太保降，收。诸侯出庙门俟。

译文

康王头戴祭祀用麻制礼帽，身穿绣有斧形花纹礼服，从西阶上堂。卿士和众诸侯头戴麻制礼帽，身穿黑色礼服，进入中庭，各人按规定站位。太保、太史、太宗头戴麻制礼帽，身穿红色礼服。太保持大圭，太宗持酒爵，从东阶上来。太史持顾命册书，从西阶走上来，负责念册令给康王。

太史说："君王靠着玉几，宣布他最后的遗诏，诏命您继承遗训，为周国君王，遵守大法，协和天下，以奉答文王、武王光明训教。"

王再拜，然后起身，回答说："我这个微末的小子，全力做到协和四方，以敬畏顾忌上天威罚。"

康王接过太宗所献酒爵，徐行前进至神所三次，祭酒三次，奠酒三次。太宗说："请王饮酒！"王饮酒后，太保接过酒爵，走下堂，洗手，又登上堂，用另外一种酒爵自斟自饮作答，然后把酒爵交给宗人，对王下拜，王也回拜。太保又从宗人那里接过酒爵，祭酒，尝酒，奠酒，然后把酒爵交给宗人，又拜。王又回拜。太保走下堂，典礼结束。诸侯们走出庙门，恭候康王朝见。

导读

1. 前面写的是周康王登基仪式的环境布置，后面写的是周康王登基为王的过程。主持周康王登基仪式的有三个重要人物：一位是太保，指太保召公；一位是太宗，是负责祭祀的神职人员；一位是太史，是史官之长。将周成王诏命整理为顾命册子的，是太史，也是太史向周康王宣读顾命遗诏。看来，在周王朝的权力系统中，史官有很高的地位。《道德经》的作者老子就是周王室的史官，是当时权力场中最有文化知识的人。

2. 太史宣布周康王继位为王的同时，宣读了为王应尽的责任，这是周成王和顾命众臣对新王提出的要求，也是新王要向众臣承诺的内容。这个责任就是"遵守大法，协和天下，以奉答文王、武王光明训教"，核心是坚守周文王、周武王的传统，遵守原有大法，以协和天下。遵守大法，就是坚守传统。周文王、周武王、周公等开创的伟大的治国传统，周成王严格遵守，使周王朝进入了稳定与兴盛时期，这个传统也是新任君王周康王必须承诺遵守的。

3. 我们看周康王的回应。周康王再拜，然后起身，回答说："我这个微末的小子，全力做到协和四方，以敬畏顾忌上天威罚。"这种回应，一定是事先操练过无数次的，一定是召公、毕公这些人亲自安排出来的。请注意，太史在念周成王诏命的时候，没有提到"上天"这个权威。但周康王在回答中，表达了执政治国，必须敬畏上天威罚。周康王说"我这个微末的小子"，表明自己在上天面前是微若粉尘的不懂事的小孩子。在周王朝的政治思想中，君权天授，上天无比威严，周王只是微若尘土的上天代理。周王朝政治神学中，天人之间有深刻的距离，天威高高在上，君主匍匐其下，没有后人那种自以为能天人合一的狂妄。

周康王的回应，说明君主的使命就是"敬畏天罚，协和四方"。敬畏上天，保障和平。上天好生，保障和平就是顺应天意，就是维护天命。周代精神的核心是君臣共担天命，贵族共和，敬天爱人，以德配天，敬畏天罚，保卫和平，爱护生命。正是这种精神，使周王朝延续了近八百年的历史，形成了中华血脉主流，创造出了中国历史上最为辉煌灿烂的文化传统。《尚书》开启的美好强大的精神源流，流在中国人心中，生生不息，永不枯竭。

第二十讲

《尚书》结课讲座

《尚书》描写的宇宙,是一个德性的宇宙,是一个有善恶是非指向的宇宙,是一个由善的原则支配的宇宙。

2020年1月5日到3月15日，我用两个多月的时间讲完了《尚书》十九讲课程。今天（2020年3月21日）我做一个结课总结，分以下四个部分进行。

第一部分：《尚书》的天命论。分析《尚书》人物眼中世界的本质，《尚书》的宇宙观，《尚书》的天命论思想，分析天命主导的世界秩序和历史的演变。

第二部分：分析天命的表达形式。天命是主宰的力量，天命以什么样的形式呈现出来才让人理解呢？讲《尚书》的"天命见于民心"的思想，"天命-民心统一论"。

第三部分：从天命与王权的关系，讲王权天授，讲国家政权是上天器皿的观点，讲《尚书》中王权与天命统一的政治神学——"天命—德性政治神学"。

第四部分：思考《尚书》之道与个人德性及中国未来秩序建构的关系。

《尚书》的天命论

一、《尚书》天命论的宇宙观

我们处于一个什么样的世界中？我们对我们所处的世界的判断，影响我们的行为方式。宇宙观，是我们对宇宙本质的看法。宇宙观直接或间接地影响着国家的制度和个人的价值观，也影响着个人命运和国家命运。放到更广阔的人类社会看，宇宙观的不同是社会制度不同的重要原因；放到更长的历史阶段看，宇宙观的变化是历史变化的深层动因。要对历史和现实世界有更深的理解，要对未来的演进进行某种预判，我们就得习惯将眼前具体的现象追索到宇宙观这个更深的层面上去。伟大的思想家，都有自己清晰的、坚实的宇宙观立场。不能立基于宇宙观上的观点表达，只能算是浮在思想大海之上的意见的泡沫。

人类的宇宙观多种多样，但有五种宇宙观最具代表性：一是有神论宇宙观，认为造物主创造万物，神界之神明主宰自然现象和历史走向，这以犹太教、基督教、伊斯兰教、印度教为代表；二是数理论宇宙观，认定数学法则才是宇宙的本质，这种宇宙观源自古希腊毕达哥拉斯等人；三是有机论宇宙观，认为宇宙如同一个生长中的大有机体，最早由古希腊哲学家柏拉图提出，现代以哲学家怀特海等为代表；四是缘起论宇宙观，认为世界是因果关系的大网，因缘而生，因缘而灭，以释迦牟尼的佛教理论为代表；五是唯物论宇宙观，认定世界是物质的，物质世界按自身客观规律运行，以古希腊的赫拉克利特和十九世纪的马克思等为代表。

《尚书》的宇宙观，不是数理宇宙观，不是缘起论宇宙观，也不是唯物论宇宙观，而是天命论宇宙观，属于人类中有神论宇宙观这个大类，但有自己的神界特征。

二、《尚书》天命论宇宙观的特征

据《尚书·舜典》记载，舜继位为王时，举行了隆重的祭祀活动："肆类于上帝，禋于六宗，望于山川，徧于群神。"以肆祭祭祀上帝，以禋祭祭祀六代祖先，以望祭祭祀山川，遍祭群神。舜祭祀对象的结构是：至上神上帝，祖先之灵，山川众自然神。《尚书》有神论宇宙观认为，现实世界之上有一个无形的神性世界，上帝、祖先之灵、自然众神活动在这个无形世界中，决定着自然现象和历史的变化，决定着个人和国运的兴衰。

《尚书·舜典》的神界结构，在殷墟甲骨文卜辞中即已存在。上帝、祖先之灵、自然之神，正是甲骨卜辞卜问的对象。

《尚书·皋陶谟》中，上帝和天皆为至上神名称。"天"和"上帝"至高无上，祖先之灵和自然神已隐退。《尚书·皋陶谟》中明确表示，国家法典来源于天，原文是"天叙有典"。国家礼制来源于天，原文是"天秩有礼"。君主权位来源于天，原文是"天命有德"。国家刑法来源于"天"，原文是"天讨有罪，五刑五用哉"。人间的法律、礼制、君权、刑法，来源于天，属于天法、天礼、天命、天刑。

同样的观点，在《洪范》篇中表达得更有神话色彩，也更为明确。《洪范》记载："帝乃震怒，不畀洪范九畴。"上帝对鲧震怒，不把大法九类给鲧。所以鲧不懂治水治天下。上帝喜欢大禹，"天乃赐禹洪范九畴"，上天就把大法九类给了大禹，所以大禹懂得治水治天下。

治理国家的大法，由上天直接赐予大禹，这与《圣经·旧约》中上帝赐十诫律法给摩西类似。

《尚书·洪范》是人类思想史上典型的神定秩序思想，即神法思想。社会秩序，源于神的安排，法律源于神，是神法。

在我们学过的《汤誓》篇中，商汤说："夏氏有罪，予畏上帝，不敢不正。"将自己攻打灭除夏王朝视为"天命殛之"，说明历史变迁，王朝更替，是天命使然，是上帝的安排。表现在《牧誓》中，周武王将消灭商纣王视为"共行天罚"，即共同实施上天的惩罚。

在《康诰》中，周公说："天乃大命文王殪戎殷。"上天乃给文王下达大命令，灭除戎人殷王。在周公的《康诰》《召诰》《洛诰》《酒诰》《无逸》等十篇诰命中，都曾反复提及上天灭殷的内容。简言之，天命决定王权兴衰，决定历史变革。值得注意的是，一旦涉及国家命运，所依靠的神界力量就不再是祖先，不再是自然神，而是上天上帝。这与殷墟甲骨文卜辞的内容相近。决定国家城邑命运，"冬（终）兹邑"，是上帝独有的权能。

我们可以总结一下《尚书》有神论思想的特征。《尚书》认为，现实世界之上，还有一个神性世界。神性世界中有各种无形的力量，其中最根本的主宰，是称为"天"或"上帝"的至上神。

现实世界中的自然现象，如天灾，历史现象，如王朝的毁灭与新建，乃至人的健康与否，皆由神性世界发出的天命决定。人间良好的社会制度和道德伦理，皆依托在上天的天命秩序之上。认识天命，这是治理好天下、管好自己命运的前提。

《尚书》眼中的世界，是一个双重世界：一个是神性世界，这是由上帝、上天主宰的；一个是现实世界，也是由上天下达的天命主宰的。如《道德经》所言："天网恢恢。"

大家可能会说，这不成了基督教或伊斯兰教吗？不是的。基督教或伊斯兰教的神性世界中，有事奉上帝的天使存在，不再承认自然神，也不再承认祖先之灵有沟通上帝的中间作用。但是，从《圣经》记载和考古发现中可以看出，以色列人在漫长的历史中长期存在着一神论与自然诸神论的斗争。

《尚书》的神性世界中，以上天或上帝为至上神，但认为上天上帝之下仍然有祖先之灵，有自然之神。这从《尚书》的祭祀上也可以看出：祭祀上帝，同时以祖先之灵配祭，也祭祀自然之神。这个祭祀结构一直延续到清朝。大家有空可以去北京天坛看看，祈年殿大殿中，祭祀的最高神位是皇天上帝，两边是祖先之灵，祈年殿东西两厢则是日月星辰、山河大地等自然神。

人类学研究认为，人类精神的升级过程是不断发现主导宇宙万物的唯一本源力量的进程，表现为从自然神和祖先之灵崇拜开始逐渐向唯一神信仰升级。一神信仰，就是只信一个至上神，只祭拜一个至上神，其余神灵归入至上神的臣属序列。

犹太教是最早实现唯一神信仰升级的。但从《圣经》记载及考古学上来看，犹太人的一神信仰升级过程也很艰难，多个自然神崇拜曾经与上帝崇拜并存。在所罗门王（约前1010年—前931年，与前1020年—前996年的西周康王属于同时期）之前，以色列人还崇拜过一位称为"Asherah"的女神，视她为上帝的妻子。

以犹太教和伊斯兰教为代表的唯一神论，英文叫Monotheism [ˈmɑːnoʊθiɪzəm]。按宗教类别划分，中国《尚书》中表现出来的宗教精神结构称为 Henotheism [ˈhenəθɪɪzm]，准确翻译应是"主神论"。相信一个主宰性的至上神（上帝、上天），但不否定其他神明（如自然神和祖灵）的存在，也祭祀其他神明。基督教中的天主教，因为还崇拜圣母玛利亚，所以不能归为纯粹的一神教信仰，应属于"主神论"层面。

《尚书》的宗教精神已超越多神论阶段，进入了"主神论"阶段。从《尚书》周公的篇章里，我们能感到周公的精神，比《尚书》的平均宗教精神更高一些，他已经进入主神论和一神论的中间阶段了。相比起《尚书》的"主神教"，中国民间佛教拜众多神佛菩萨，属于多神教。民间道教，同样崇拜众多神仙，属于多神教。日本神道教，属于主神论，天照大神为主神，同时祭祀众自然神和祖先之灵。

《尚书》属于有神论思想，按世界宗教分类，属于有神论中的"主神论"思想。信奉一个最高的本源的主宰神，称为上天或上帝，但同时也不否认祖先之灵和自然之神的存在，仍然保持对祖先之灵和自然之神的祭拜。

有神论，是人的精神对现实世界之上的超越性的主宰性力量进行探索的结果。在人类精神不断被启发的历史进程中，中国人在《尚书》时代似乎已进入了由"主神论"向"一神论"上升的过渡阶段。孔夫子"敬鬼神而远之"的说法，其实是"主神论"的再升级，是要求大家离祖先之灵和自然诸神远一些，向主神上天更靠拢一些，向孔子信奉的上天更靠拢一些，这其实是《尚书》精神的延续和上升，但却被后人解释为孔子不信神，这种解读是不懂中国宗教精神史导致的。

如何认识天命？

天命如此重要，如此具有主宰性，那么，天命以什么样的形式呈现呢？如何判明天命并据此行动呢？除少量上帝言论及梦境启示之外，多为天象观测及卜筮。《洪范》篇中，箕子向周武王介绍商王朝的统治传统，其中就讲到"卜筮"。"卜"，指灼烧乌龟壳或牛甲骨，看裂纹的兆象，以此判明神意。"筮"，指草占，摆蓍草确定其数目以定吉凶，这是数字算法。从殷墟甲骨卜辞看，商人大事小事，都要用甲骨来占卜。涉及战争和建城等大事，一定要向上帝占卜问吉凶。

流传至今的《易经》似乎很神秘，其实《易经》的主要功能，就是骨占草占的一部说明书，或者说是兆象卦象辞典。出现兆象卦象了，贞人对照《易经》解释其中的意思。如同我们读英文文章，不懂的生字，要查字典一样。

商人用甲骨问卜，周人用不用呢？也用。从现在周原考古发现看，周人与商人一样向神明献祭、烧甲骨看纹道以问卜。据《尚书·洛诰》记载，周公为洛邑重新选地址，进行专门占卜，得到吉利的甲骨裂纹兆象。周公就派人把洛邑新址规划图和占卜有吉兆的龟甲送给在宗周的周成王和召公，给他们看卜兆。

显然，周公、周成王他们当时是有一套卜兆解释的基本标准的。也就是说，判明天意，向上天献祭，需要灼烧甲骨，看裂纹兆象，这是周人从商人那里继承的一个传统。

但是，《尚书》判明天意的方法，又大大超越了商代祭祀所表现出来的卜筮传统，发生了一次理性的飞跃。《尚书·皋陶谟》中说：

"天聪明，自我民聪明。天明畏，自我民明威。"

上天所听所见，通过人民所听所见来实现。上天之威罚，通过民众的威罚来实现。《尚书·泰誓》篇中表达了同样的意思：

"天视自我民视，天听自我民听。"

上天通过什么来看？通过人民的眼睛。上帝通过什么来听？通过人民的耳朵。上天惩罚有罪之君，通过什么来实现？通过人民的叛乱和对暴君的惩罚。结论就是：天命在民心中，民心即天命。这是完完全全的人民造反宣言。我们可以理解为，周人起兵推翻商王朝而成

功,这就是周人对自己革命行为的合法性叙事。但这样的叙事方式给中国思想史造成了革命性的影响,表现在以下两点:

第一,天命在人间的唯一代理人,不再是君王天子,而是抽象的人民。天命与民心合一,民心一旦出现异动,就可能意味着上天要更换君主,要更换王朝。判明天意的方法,就是要判明人心。从此,民心与民众,在政治神学上,上升到了天命代理的精神高位,人民被神圣化。这种把人民神圣化的精神革命,在人类同时期的其他民族历史上似乎没有过。

第二,这对传统的以卜筮问询天意的方式来说,是一次根本性的颠覆。尽管在以后的历史上,一些历史人物遇到重大抉择时还会想到要卜筮一下,但总的来说,通过分析民心、权衡利害来决定政治行动已经成了思想主流。

据《旧唐书》记载,公元626年,秦王李世民与哥哥李建成、弟弟李元吉之间的矛盾激化,李世民准备诛杀李建成和李元吉,但犹豫不决,不知吉凶,于是就派卜者烧灼龟甲占卜。但他的一位谋臣张公谨从外进来看到后,抓过龟壳就扔了,说:"卜筮,是为了决嫌疑,定犹豫。今天这事无所犹豫,为什么要占卜?如果占卜不利,形势也不可停止。"李世民听从了张公谨的意见,发动了玄武门兵变。中国政治决策与卜筮的脱离,与民心政治理性分析的结合,在思想上从《尚书》就开始了。从《尚书》中民心代表天意这个政治神学角度看,商朝的卜筮已被颠覆,《易经》对现实决策的指导已无意义。

天命在民心中,争取民心就是争取天命。理解这一点,就能理解今天关于舆论的争夺战了。当权者最怕的就是失去民心,也因此会极度关心所有可能影响民心的政治言论。

人类各大文明的演化,有不少共同点。民心是合法性基础,再深一步就是人民主权论。这是古希腊—古罗马共和国的思想,是西方近现代政治的前提。古希腊—古罗马采取的是用民主选票的方法来看民心。中国虽然有民心是天命合法性的观念升级,但采取的是用战争胜败来最终判断天命。有人民支持赢得战争胜利,就等于是天命选择。战争胜利即天命在身。

从这里,可能大家会感觉到《尚书》中的天命宗教有一个问题,那就是这个天命宗教是国家宗教,是大政治宗教,以后一直没有大众化,与普通老百姓距离比较远。

佛教在汉代进入中国,刺激了中国道教的兴起,由于佛道两教都是个人化宗教,所以逐渐占有了民间宗教空间。基督教与佛道两教不同,基督教既是个人性的,也是公共性的,指向公共正义。

研读《尚书》十九讲,相信大家会有一个认识,《尚书》的上帝上天这种"主神论"的宗教精神,与犹太教、基督教的"一神论"上帝信仰精神有许多差异,但属于同一个大方向,都属于有神论范畴,且都相信有主宰世界的本源力量。但是,《尚书》的宗教精神与佛教完全是相反的方向,甚至是完全对立的。佛教以缘起论否定主宰神,就等于否定了《尚书》的基本信仰。

《尚书》的德性政治神学

前面第一部分,我总结了《尚书》的"天命论"。相信现实世界之上,还有一个无形的主宰的世界。上天是至高主宰者,天命决定自然的一切,也决定历史的一切。敬畏天命,顺应天命,是治国成功的前提,是人生成功的前提。孔夫子"畏天命",是对周代思想的继承。

前面第二部分,我总结了《尚书》的"天命民心统一论"。天命以民心来表现,民心就是天命呈现的通道。这样,敬畏天命,就等于敬畏人民,就等于顺应民心。《道德经》二十章中说:"人之所畏,亦不可不畏人。"人所敬畏者,也不可以不敬畏人。这其实就是对周代敬畏民众观念的继承。

第三部分,我们总结《尚书》的"德性政治神学"。

我正在做一项研究,主题是先秦中国的上帝观、上天观的演化。我发现"帝"或者"上帝"这个概念在商朝甲骨卜辞中没有伦理性,不涉及善恶是非的问题。关于商人上帝无伦理性的这个问题,老一代学者陈梦家等人早已发现。

商人的上帝观更接近一种冷漠地主宰一切的力量,一种按自己的规定展开、不对人的主观行为进行回应的力量。

商王对"帝"或"上帝"更多的不是热爱，而是恐惧。不仅如此，商人对祖先之灵的看法也是害怕，害怕祖先之灵作祟。商人的宗教，笼罩在敬畏和恐惧的情感基础上。

现在发现的甲骨文都是商朝后期的甲骨文卜辞，是不是商王和贞人们（参与组织祭祀和问卜的人）感到了深深的危机，觉察到了来自无形世界的力量的敌意？不仅是甲骨卜辞，我们研读《尚书》中的《商书》部分也能感到商人贵族内心的忧惧状态。商人对主宰神的这种看法，与《尚书》中对主宰神的看法完全相反。

周人心中的上帝与商人心中的上帝有很大的不同：周人心中的上帝，是道德的上帝，是伦理性的上帝，是有强烈的善恶是非取向的上帝，是积极惩罪扬善的上帝，是对人的主观行为予以积极回应的上帝。我们可以这样概括，周人的上帝是一位"德性意志的上帝"。不仅如此，周人的祖先之灵，也更多表现出热情地关爱人世子孙的情感。

在此补充一下《尚书》的宇宙观。《尚书》描写的宇宙，是一个德性的宇宙，是一个有善恶是非指向的宇宙，是一个由善的原则支配的宇宙。上帝不是没有善恶是非的，上帝就是善的源头；上帝不是冷漠的，上帝是热情的，是要人间充满德性的；上帝不是客观规律，上帝是主观意志，是直接干预历史的。

基于这种感受，我同意顾颉刚先生的一些看法，即《尚书》关于夏朝商朝的一些文献出于周人之手，是被周人进行了道德化改造的文献。

上天是德性的上天，上帝是德性意志的上帝，上天是以德性标准来审察和治理世界的。所以，治理天下，必须以上帝之德性为基准，行德性政治。也就是说，周人将政治赋予了至高的道德性。周人之"德"的概念核心就是有益生命。"德"字造字原义，是耕种使种子发芽，引申为生产养育生命，再引申为保护生命。上天之大德，曰生。

《牧誓》中，周武王发兵时，强调自己是"恭行天罚"，恭敬地实施上天的惩罚。上天为什么要惩罚商纣王呢？其中一个原因，就是商纣王"暴虐于百姓"，残暴地虐待百姓。这就把上天的伦理性展现了出来：上天是爱护百姓的，所以必会惩罚暴虐百姓的暴君。

《尚书·洪范》中说："天子作民父母。"这是因为上天与万物和民众的关系，是父母与孩子的爱的关系，所以天子治国，必须以爱人为基础，上天即爱。

《尚书·康诰》中周公强调："若保赤子。"认为权力对民众，必须如同保护婴儿一样。周公还强调："不敢侮鳏寡。"不敢侮辱鳏寡孤独之人。

《尚书·召诰》中讲得很明白："天亦哀于四方民。"上天哀怜四方民众。上天是有情感的上天，是爱怜四方民众的上天。

《尚书·酒诰》中讲要"迪畏天显小民"，敬畏上天，显荣小民。

发现宇宙主宰力量的生命之爱，是人类文明早期最伟大的洞见，是对宇宙的根本法则的洞见。以色列人的《圣经》认为，上帝创生万物，维系万物，上帝即爱。柏拉图《理想国》发现宇宙秩序的运行，环绕着一个中心，这个中心就是万物与生命的创生与维系，所以《理想国》认为，"善的理念"是宇宙无形的中心。"真＝善＝美"的观念，基于对造物主至善的信念。造物主至善，所以一切真实，皆指向善，皆为美。

《尚书》中的篇章，一样展示了这种洞见。上天即善，天命即爱。

在这个意义上，《尚书》定位了君主权力的职能：君权是上天安排来爱护民众保卫民众的，是上天爱民保民的工具。如果君王昏乱，暴虐百姓，上天就会灭掉这样的罪恶君王。《召诰》中说："皇天上帝改厥元子兹大国殷之命。"意思就是，皇天上帝改变了长子大国殷朝的天命。

《尚书·蔡仲之命》篇中说："皇天无亲，惟德是辅。"皇天不是按血亲来配置国家权力的，而是辅助有德之人。所以《召诰》中说，夏朝和商朝之所以毁灭，是因为"不敬厥德乃早坠厥命"，因为不敬德，违背了上天的德性意志，所以坠落了天命。

以人的德性来面对至高德性意志的上天，来面对需要朝廷实施德政的民众，德性之君，就迎合了上天之德性，就顺应了百姓的德性需要，这样就不会天怒人怨，政权就长治久安。天人之间，上天与民众之间，以德相通，以德统一，这就赋予了政治权力以最高的德性要求,这就是周公反复强调的"敬天保民"的政治神学。敬天保民,才能避免天怒人怨。

这种政治神学对中国政治影响深远,造成中国政治充满了道德叙事,也造成民众总渴求从政治权力上寻求道德的力量。德性好的领袖,往往很容易得到民众拥戴感恩的热泪。

中华文明是复杂多元的,到春秋战国时期,德性政治神学逐渐受到质疑,例如老子《道德经》就不认为朝廷应承担道德引导的任务,商鞅的《商君书》则完全反对道德政治,只讲胜败得失的功利政治。

《尚书》这种德性政治神学,与《圣经》有共同点,也有不同点。共同点是,它们都认为道德和律法源于至上神。不同点是,《圣经》完全不认为世俗王权具有天然的道德神性,认为王权的出现是人性背弃上帝的结果,这就剥离了世俗政治的宗教道德性。

据《圣经》记载,以色列人找先知撒母耳,要求选一个王来指挥大家打仗。撒母耳向上帝祷告,上帝说:"他们不是厌弃你,乃是厌弃我,不要我做他们的王。"人类发生战争,要王来领导杀人,所以上帝认为王权是人弃离上帝的结果。这从宗教合法性层面,剥离了世俗王权的宗教神圣性。

《圣经》中,传达上帝意志、代表道德神性的是先知或祭司,是宗教人士,是祭权。《圣经》中,祭权高于王权。这种观念影响到今天的西方政教关系。西方世界的政府,就是世俗政府,总统只是世俗力量,没有道德神性的特征。

但在《尚书》中，王权主导祭权，王权祭权合一，君主同时拥有最高的祭祀权和军事权。双重力量在身，一方面造成君主集权，但另一方面，也会形成对君主的外部道德压力的威胁。君主一旦失去德性力量，为政不公、四海穷困，要维持政权就比较困难。

以上，我总结了《尚书》之道的三大特征：宇宙观上的天命论神学思想，社会阶层上的"天命民心统一论"的神学思想，以及以德配天的德性政治神学的思想。接下来，我将阐述《尚书》之道的这些内容对于我们的未来意味着什么，价值何在。

《尚书》之道与未来

如果从虞夏商周四代算起，约有二千年之久。加上秦统一中国以来二千多年，中华文明就有两个二千年，近四千年。《尚书》之道是第一个二千年的思想结晶。

传说《尚书》原有一百二十多篇，现在顾颉刚先生、刘起釪先生整理的《尚书校释译论》有二十八篇，仅为残篇。中华前二千年的文献，流失严重。这种流失，除了技术上竹木书写材料容易毁坏的原因之外，也有第二个二千年对前一个二千年的内容有意焚毁有关。例如秦始皇统一中国后，大规模焚书。以后的历史，仍然毁书不断。

这两个二千年，在精神上，一部分是延续的，一部分是对立的，在一些重要方面是断裂的。这种对立、断裂,我们下面会分析。

手捧《尚书》,面向未来,我感到有必要思考四个问题:第一个问题,是有神论宇宙观与德性、与道德的关系问题;第二个问题,是"天命民心统一论"与民权的关系问题;第三个问题,是德性与人生的关系问题;第四个问题,是关于未来秩序的设想。

1. 有神论与德性的关系

《尚书》是以德性为中心的,强调的是"修德以配天",即修炼德性以匹配上天的要求,以符合天命的指向。《尚书》中的德性问题、道德问题,全部是从上天上帝信仰、从天命信仰中生长出来的。生活中的细节,如稼穑之艰难、孝敬父母、友爱兄弟、讲求信用、勤奋工作,不准懒惰,不准喝酒、不准滥用刑法、司法独立、不准收取高赋税,保护百姓、征服进取,这些都被归入德性范畴,且全部都与上天信仰联结在一起。

中国进入战国以后,法家思想兴起,质疑天命,反对有神论。商鞅的《商君书》不讲天命,荀子则将神性之天的概念重新定义为物理意义之天。可以想见,如果认定上天死了,上帝死了,天命消失了,那么周代建立起来的整个道德系统就会处于分崩离析之中。否定了天命,就等于否定了全部传统道德,也就否定了传统的人格标准和德性取向。

神性之天已从法家《商君书》《韩非子》中消失,所以法家都公开反对仁义道德,认为必须功利至上,严刑峻法。人与人之上，不再有共同的基于神性上天的德性约束，人与人的关系，就只有"胜败"两个字，只有服与不服的问题。

秦国以法家思想统一中国，以诈力取天下，建立中央集权的体制，从此功利至上、严刑峻法就成为国家最根本的价值取向。这样人与人的关系，根本上不再是什么道德不道德的问题，而是功利算计的利害问题。当然，如果上天已死，上帝已退，没有天命，没有天罚，就谈不上什么敬畏心了。

无神论的国民中，能不能建立起一个很好的德性精神？能不能使德性这两个字有意义？缺少德性自律的国民，可能建立一个保护自由的国家吗？这是一个可以在学术上讨论的问题。

以《尚书》为代表的周代精神认为，德性出于天命，道德出于至上神。不仅《尚书》如此，几乎全人类的文明国家，其最初的道德和律法规定都出自宗教信仰。

西方科技发达，但西方的道德伦理、德性意识是与基督教上帝信仰密切联系在一起的。如果多数人真的如同尼采一样认为"上帝死了"，那么以上帝信仰为道德源头的西方善恶是非的道德体系就容易崩塌。

中国人今天仍然会说"头顶三尺有神明"。神明与敬畏、与道德约束，有内在关系。《尚书》的思想结构，是把上天信仰、上帝信仰、天命信仰与道德、德性联结在一起的结构。相信现实世界之上有更超越的无形的主宰力量，且这主宰力量是有善恶指向的，是惩恶扬善的。这是敬畏心和德性生成的宇宙观的前提。

《尚书》的思想传统，是相信天命生出德性的思想传统。人类历史也说明，德性源自信仰。从这个意义上来说，从国家层面来说，开放和保护宗教信仰的自由，这有利于德性修复和德性生长。从个人层面来看，有正面的宗教信仰是好事，能生长自己的德性能力，使自己形成善恶是非意识。

这是第一个问题，有神论与德性的关系问题。

2. "天命与民心同在"与民权问题

天命在民心，民心代表天命，这是《尚书》的政治神学。这种政治神学延伸下去，就是"主权在民"的思想。《尚书》天命在民的思想，已经是主权在民思想的序曲。从政治宗教神学层面看，1776年美国《独立宣言》思想与《尚书》"天明畏，自我民明威"的思想属于同一精神结构。

我们从经验中知道，我们受教育的历程中，《尚书》显然不是一个重要部分，甚至多数人完全不了解。为什么呢？我的理解是，《尚书》是周代贵族封建社会的产物，周代是王室-多元诸侯国体系，有着对诸侯自主、地方自治的尊重。封建秩序建立在贵族共和的横向约束关系基础上，所以强调贵族之上的共同的天命信仰约束，同时强调横向之间的盟约的神圣性。我们从《尚书》中还能看到约束君主的法的重要性和司法独立的重要性。更重要的是,我们从《尚书》中能看到天命信仰,敬畏天罚,看到君主在上天、上帝面前有一种微尘一样的卑微心理。这一切,都意味着权力的约束,这是秦王朝制度下中央集权的君主所不愿看到的。

秦制之下,一切权力归君主,而不是归上帝。周制之下,一切权力归上天,而天命与民众同在,就相当于一切权利归给了民众。周代的"民众",体现在贵族群体的自治权上。

我举个例子。《尚书》中天命在民的思想自然包含有造反因素。大家再看一下《尚书·皋陶谟》:

"天聪明,自我民聪明,天明畏,自我民明威。"

上天之聪明,通过民众的聪明来实现,上天光明之威罚,通过人民的光明之威罚来实现。

也就是说,上天之光明正义会通过民众对暴君的光明正义的惩罚来实现。

我们可以理解,这种价值观是在周武王起兵反商纣王、惩罚商纣王的历史背景中出现的。天命在民,民众有暴力推翻暴君的天命。这种天命在民的思想,人民奉天承运的思想,在秦王朝统一中国后就逐渐被掩埋起来,而强化王权的思想开始成为主流。天子逐渐取代了民众的天命代理权,不再是人民奉天承运,而是天子奉天承运。从秦朝到西汉,上天在人间的代理人经历了一个由民众到天子的全面的思想转移。这种根本的思想转移,理论上是由西汉的董仲舒完成的,后被王权逐渐强化。

《尚书》中的天命在民的思想、民众是上天代理的思想，是未来民权思想建设的中国本土思想资源。这在未来的国家精神和制度建设中，是宝贵的精神遗产。

3. 德性与人生的关系问题

德性与人生是什么关系？按《尚书》的认识，德不仅是一种人际关系的行为规范，还是一股源自上天的神秘而强大的力量。

据《论语》记载：孔子离开卫国去陈国，途经宋国，和弟子们在大树下演习礼仪。宋国司马桓魋让人砍掉大树，孔子于是离去。弟子催他快跑，孔子说："天生德于予，桓魋其如予何！"孔子用"德"这个概念，指的就是来自上天的护佑力量。

我们今天的道德概念，主要是讲人际关系上的私人道德。《尚书》中的"德"，是一种接通天命的的能量，有益于生命的能量。《尚书》中反复提及的，是夏禹、商汤、周文王这些人身上有的一种所到之处助益生命的能量，一种开创大业的能量。我们可以这样形容《尚书》中的"德"：它如同一个水渠，修到水源了，水就顺渠而流出。《尚书》中的"德"，是水渠和水渠中的水的总称。要把水渠修到宇宙万物的本源那里去，要把这个水渠与天命之源对接起来，这样天命的能量才能顺水渠而流出，造福于千千万万的人。当然，在这个过程中，也成就了自己。

《尚书》上说:"皇天无亲,惟德是辅。"上天并不是按血亲来爱谁,谁修好了德性渠道,有心助益生命的渠道,上天就会将德性力量的宏大水流注入这个人的生命之中。这个人将因此具有神秘的力量,能强大地助益生命。如果一个人没有修好自己的德性水渠,没有助人爱人之心,上天助佑的力量就不会流入他的生命中,此人的事业和生命也就会因能量枯竭而十分虚弱。

　　事业遇阻、生活不顺的时候,不怪任何人,怪自己德性不够,怪自己助人之心太弱,怪自己帮人之力太小。《尚书》的这个看法对吗?有信仰的族群或者个人,似乎会这样看。

4. 从《尚书》价值观看未来秩序

　　总结了《尚书》的宇宙观、执政观和人生观,站在《尚书》的传统上,我们会看到一个什么样的未来秩序呢?

　　我们会看到,未来中国应当是富有信仰精神的中国。德出于信,保护信仰自由以养德。

　　我们会看到,天命与民众同在的时代的全面到来。我们会看到民众之意愿得以有效表达,民意彻底决定国家公共方向的时代的来到,看到民众神圣不可侵犯的时代的到来。

　　我们会看到,国家的法治严明而公正,个人的德性强盛而自律。在公正的法治和自主的德性基础上,中国人的新形象是公正而富有创造性的,是有尊严和博爱心的，是独立自主而承担世界责任的，是受世界各族群发自内心的信任和尊重的。

我们将有一个继承了传统之美好，又拥抱了人类各优秀文明的新文明，一个由新的人格支撑的美好的新社会，一个博大而友爱的中华新社会。

再回顾一下，我讲了四个部分，第一是《尚书》的宇宙观，天命论思想。第二是总结天命表达形式，天命通过民心来表达。第三是权力的道德性，德性政治神学。第四是德性与人生的关系。

图书在版编目（CIP）数据

《尚书》二十讲 / 杨鹏 著. —北京：东方出版社，2023.2
ISBN 978-7-5207-3209-3

Ⅰ.①尚… Ⅱ.①杨… Ⅲ.①中国历史—商周时代 ②《尚书》—通俗读物 Ⅳ.①K221.04-49

中国版本图书馆 CIP 数据核字（2022）第 233560 号

《尚书》二十讲

（SHANGSHU ERSHI JIANG）

作　者：	杨　鹏
责任编辑：	崔雁行　吕媛媛
出　版：	东方出版社
发　行：	人民东方出版传媒有限公司
地　址：	北京市东城区朝阳门内大街 166 号
邮　编：	100010
印　刷：	北京联兴盛业印刷股份有限公司
版　次：	2023 年 2 月第 1 版
印　次：	2024 年 11 月第 2 次印刷
开　本：	880 毫米×1230 毫米　1/32
印　张：	9.75
字　数：	188 千字
书　号：	ISBN 978-7-5207-3209-3
定　价：	69.80 元
发行电话：	(010) 85924663　85924644　85924641

版权所有，违者必究

如有印装质量问题，我社负责调换，请拨打电话：
(010) 85924602　85924603